WANGLUO FUWU TIGONGZHE
JIANJIE QINHAI ZHISHICHANQUAN ZHI
ZEREN ZHIDU YANJIU

网络服务提供者
间接侵害知识产权之责任制度研究

刘庆辉◎著

知识产权出版社
全国百佳图书出版单位

图书在版编目（CIP）数据

网络服务提供者间接侵害知识产权之责任制度研究/刘庆辉著. —北京：知识产权出版社，2018.9（2019.9重印）

ISBN 978-7-5130-5805-6

Ⅰ.①网… Ⅱ.①刘… Ⅲ.①知识产权—侵权行为—民事责任—研究—中国 Ⅳ.①D923.404

中国版本图书馆 CIP 数据核字（2018）第 202403 号

内容提要

网络环境下的知识产权侵权治理问题一直是理论研究和司法实践的一个热点和难点。本书运用了多种研究方法，对网络环境下知识产权侵权治理的现行立法和司法进行了批判性研究，提出了改革和完善的理论和路径。

责任编辑：龚　卫　　　　　　　　　责任印制：孙婷婷

封面设计：**sun**工作室　韩建文

网络服务提供者间接侵害知识产权之责任制度研究

刘庆辉　著

出版发行：知识产权出版社有限责任公司　网　址：http://www.ipph.cn

电　话：010-82004826　　　　　　　　　　http://www.laichushu.com

社　址：北京市海淀区气象路 50 号院　　邮　编：100081

责编电话：010-82000860 转 8120　　　　　责编邮箱：gongwei@cnipr.com

发行电话：010-82000860 转 8101　　　　　发行传真：010-82000893

印　刷：北京建宏印刷有限公司　　　　　经　销：各大网上书店、新华书店及相关专业书店

开　本：880mm×1230mm　1/32　　　　　印　张：8

版　次：2018 年 9 月第 1 版　　　　　　印　次：2019 年 9 月第 2 次印刷

字　数：195 千字　　　　　　　　　　　定　价：38.00 元

ISBN 978-7-5130-5805-6

序 言

刘庆辉是我指导的北京师范大学法学院民商法专业知识产权法方向毕业的博士。本书是由庆辉根据他的博士论文修订而成。

网络服务提供者间接侵害知识产权的责任，应当说是一个老话题，研究成果并不少，既有专著，也有论文。在这个老话题上，要写出新意，写出深度，并不容易。在博士论文选题时，庆辉提出要写这个题目，并说明了他的理由，我觉得他的想法是可行的。庆辉既有较深的理论功底，当时又工作在司法第一线，能接触到很多鲜活的司法案例，这为论文的写作奠定了很好的基础。庆辉非常勤奋、刻苦，在规定的时间内提交了博士论文，并顺利通过了博士论文答辩。总体上来说，我觉得该书的创新和学术意义体现在以下几个方面。

首先，本书的研究在既往研究的基础上，将我国网络服务商间接侵害知识产权责任问题的研究向前推进，系统地研究了网络服务商间接侵害知识产权责任的类型化、体系化问题，论证教唆侵权责任、帮助侵权责任及替代责任构成的三元责任制度的合理性，而且对三种责任的法律构成和司法适用进行系统深入的研究，具有一定的学术意义。

其次，我国当前的网络服务商间接侵害知识产权责任制度存在一些问题，现行法律在解释和适用上存在困境，无法适应网络侵权治理的需要，本书的研究能为将来修改、完善我国的网络服务商间接侵权责任制度提供理论支撑，具有实践意义。

再次，本书对于各种责任类型尤其是帮助侵权责任的法律构成和司法适用进行了深入研究，对于人们理解和适用《侵权责任法》第 36 条第 2、3 款的规定具有重要的参考意义，可以消除人们对于前述条款的误读。

最后，本书对《侵权责任法》第 36 条第 2 款规定的"通知与删除"规则在知识产权侵权案件中的解释和适用进行了研究，指出"通知与删除"规则原则上可以适用于侵害信息网络传播权案件和侵害商标权案件，但无法适用于侵害专利权案件；同时指出应当根据著作权、商标权和专利权案件的特点，构建适用于各自领域的"避风港"规则，《商标法》和《专利法》中不应照搬著作权法领域的"避风港"规则，而应当建立"通知—转通知—删除"规则。

现在，庆辉将其博士论文修订、出版，这是他的学术成果，我为此感到由衷的高兴。最后，祝愿庆辉在今后的工作中取得更多更好的成绩。

韩赤风
2018 年 7 月 9 日于北京师范大学后主楼

前　言

　　网络环境下的知识产权侵权治理问题一直是理论研究和司法实践的一个热点和难点。我国现阶段一般依据《侵权责任法》第9条、第36条第2、3款和《信息网络传播权保护条例》第23条来处理网络服务提供者间接侵害知识产权的责任问题。上述条款确立了网络服务提供者的教唆侵权责任和帮助侵权责任，这两种责任均为故意侵权责任，以教唆人、帮助人具有教唆、帮助的主观故意为要件。这种责任制度的规制效果并非尽善尽美，应当检讨、改进。

　　为了提升网络环境下的知识产权侵权治理效果，我国部分学者主张将《侵权责任法》第36条第3款中的"知道"解释为包括"明知"和"应知"，并将"应知"的认定与注意义务的违反相对应。最高人民法院《关于审理侵害信息网络传播权民事纠纷案件适用法律若干问题的规定》（法释〔2012〕20号）亦持此种意见，司法实践中很多法院亦如此裁判。这种解释实际上是将违反注意义务的过失帮助行为纳入帮助侵权责任的调整范围，属于突破《侵权责任法》第36条第3款规定的造法行为，正当性依据不足，应当检讨。

　　目前我国的网络服务提供者间接侵害知识产权的责任制度在立法和司法层面都存在一定的问题，为了研究和解决这些问题，笔者运用比较研究、经济学分析、法解释学和案例研究等方法，对现行责任制度的立法和司法进行批判性研究，提出了改革和完善的理论和路径。本书主张构建由网络服务提供者的教唆侵权责任、帮助侵权责任和替代责任组成的三元责任制度，并针对著作权、商标权和专利权的特点，分别构建适用于网络服务提供者的"避风港"规则。网络服务提供者教唆网络用户侵害他人知识产权的，应当与该网络用户承担连带责任；网络服务提供者故意帮助网络用户侵害他人知识产权的，应当与该网络用户承担连带责任，但该责任不适用过失帮助行为；网络服务提供者能够监督和控制网络用户侵害他人知识产权的行为，又从该侵害行为中直接获得经济利益的，应当承担替代责任。这种三元责任制度可以较好地平衡网络服务提供者和知识产权权利人之间的利益，既可以较好地保护知识产权，又不会对网络服务提供者施加过重的义务进而妨碍网络服务业的正常发展。

本书分为绪论、正文、结语三大部分。正文包括六章。第一章概括我国目前的网络服务提供者间接侵害知识产权之责任制度的立法及司法现状，并进行检讨，指出其存在的问题。第二章提出完善我国网络服务提供者间接侵害知识产权之责任制度的路径，并论证由教唆侵权责任、帮助侵权责任和替代责任组成的三元责任制度的合理性。第三、四、五章分别对网络服务提供者的教唆侵权责任、帮助侵权责任和替代责任的法律构成和司法认定进行阐述。第六章分析我国"避风港"规则的问题，并针对著作权、商标权、专利权各自的特点，讨论如何构建网络服务提供者的"避风港"规则。

本书重点研究和论证了网络服务提供者间接侵害知识产权之责任的类型化和体系化构建的问题，并提出了立法和司法建议，既具有一定的理论价值，也具有实践意义。

| 目 录 |

绪　论

一、研究背景

（一）个人工作及研究经历

笔者曾是北京市高级人民法院知识产权庭的一名法官❶，在司法实务中经常接触涉及网络服务提供者承担间接侵权责任的案件，这类案件在司法实务中存在很多争议，比如，网络服务提供者是否应当负担注意并预防网络用户的侵权行为的义务（即注意义务）？如果负担注意义务，则注意义务的标准如何确定？网络服务提供者在什么情况下应该承担责任？承担什么样的责任？责任依据是什么？如何确定网络服务提供者的责任范围和责任程度是公平合理的？这些争议和问题在司法实务中确实是个难题。笔者平时也经常参加上述问题的研讨会，通过研讨活动，笔者觉得网络服务提供者的责任问题仍然是一个有待探讨和研究的领域。经过进一步的文献阅读，笔者发现这个问题不仅在国内而且在国际上也是一个既时髦又有争议的主题，理论上值得探讨，实务上期待研究成果。因此，笔者对这个问题萌发了兴趣。

（二）网络侵权治理实践的需要

互联网兴起之后，随着各大门户网站、搜索引擎、网络交易平台等网络业务的快速发展，网络环境下的知识产权侵权问题日

---

❶　笔者撰写博士论文时是一名法官。

益突出，各类侵权问题层出不穷。针对网络环境下的知识产权侵权问题，美国依据其法律传统发展出了网络服务提供者引诱侵权责任（Inducement Liability）、辅助侵权责任（Contributory Liability）❶ 及替代责任（Vicarious Liability）；英国有许可侵权责任、共同侵权责任等；德国、法国等大陆法系国家一般依共同侵权责任予以处理。我国现阶段一般依据《侵权责任法》规定的教唆侵权责任、帮助侵权责任来处理网络服务提供者间接侵权责任问题。对于侵害信息网络传播权行为，法院也依据《信息网络传播权保护条例》第 23 条规定的共同侵权责任予以处理。但是，实践中对于网络服务提供者到底应该承担多大的知识产权保护义务以及在多大的范围和限度内承担责任，争论不休。互联网公司在开展业务尤其是开发一些新的业务类型时，对法律风险总是感到苦恼和困惑，无法明确自己的行为边界。近年来兴起的电子商务平台，对于网络知识产权侵权问题的治理也感到非常苦恼。总之，网络服务业的发展，急切需要理论界加强对网络知识产权侵权治理的研究。

一方面，围绕网络侵权治理这一主题，许多专家学者、法官发表了大量的专著和论文，极大地推动了这一领域的研究。这些研究成果也被我国的立法和司法实践所吸收，如《侵权责任法》和《信息网络传播权保护条例》，以及最高人民法院《关于审理侵害信息网络传播权民事纠纷案件适用法律若干问题的规定》（法释〔2012〕20 号，简称"最高人民法院法释〔2012〕20 号文

---

❶ 关于 Contributory Liability，有的翻译为帮助侵权责任，有的翻译为辅助侵权责任，还有的翻译为协助侵权责任，由于美国有一种观点认为 Contributory Liability 包括引诱侵权责任，如果将 Contributory Liability 翻译为帮助侵权责任，与我国的法律概念不协调（我国的帮助侵权责任无法包含教唆侵权责任），故本书主张将其译为辅助侵权责任。

件”）、北京市高级人民法院《关于审理电子商务知识产权纠纷案件若干问题的解答》（京高法发〔2013〕23号）等。但是，梳理这些法律法规，可以发现现行责任制度在责任的类型化和规范的体系化方面还有欠缺。例如，《侵权责任法》对于网络服务提供者的责任仅规定了一条即第36条，显得非常单薄，这种立法状况无法满足司法实践的需要。为此，需要加强理论方面的研究，为今后的法律修订工作提供理论支撑。

另一方面，随着网络服务业的快速发展，网络用户侵权引发的网络服务提供者责任案件也呈上升趋势，各种类型的纠纷层出不穷，各地法院对于此类案件的处理面临许多棘手的问题。应当如何解释和适用现行法律？应当如何平衡知识产权权利人、网络服务提供者及社会公众之间利益？诸如此类的问题，不断地困扰着法官。因此，司法实践也提出了加强网络侵权治理研究的需求。

二、问题的提出

（一）与本研究相关的现实存在的问题

伴随着互联网服务业的快速发展，网络服务业的发展与知识产权保护之间的矛盾日益凸显。如何治理互联网上的知识产权侵权问题？如何平衡网络服务提供者与知识产权权利人之间利益？这些问题一直是理论界、司法界关注的热点。美国于世纪之交制定的《数字千禧年版权法》（*Digital Millennium Copyright Act of 1998*，简称DMCA）最早规定了“避风港”规则，旨在对严格责任原则下的网络服务提供者的版权责任进行限制。❶2000年，欧盟制定了《欧洲电子商务指令》（Directive 2000/31/EC

---

❶　See 17 U. S. C. A. § 512.

of the European Parliament and of the Council of 8 June 2000 on certain legal aspects of information society services, in particular electronic commerce, in the Internal Market), 对网络传输通道服务、系统缓存服务和宿主服务提供者的间接责任进行限制。❶

我国于 2006 年 7 月施行的《信息网络传播权保护条例》(2013 年 1 月修订) 也针对网络服务提供者的网络传播行为规定了 "避风港" 规则。❷ 2010 年 7 月施行的《侵权责任法》第 36 条对网络服务提供者的责任作出了明确规定,其中第 2 款为 "网络用户利用网络服务实施侵权行为的,被侵权人有权通知网络服务提供者采取删除、屏蔽、断开链接等必要措施。网络服务提供者接到通知后未及时采取必要措施的,对损害的扩大部分与该网络用户承担连带责任"。第 3 款为:"网络服务提供者知道网络用户利用其网络服务侵害他人民事权益,未采取必要措施的,与该网络用户承担连带责任。" 这两款与第 9 条一起,规定了网络服务提供者的帮助侵权责任,即网络服务提供者对网络用户利用其网络服务实施的直接侵权行为负有帮助侵权责任。另外,该法第 9 条 "教唆、帮助他人实施侵权行为的,应当与行为人承担连带责任" 之规定,也为网络服务提供者规定了教唆侵权责任。因此,根据我国《侵权责任法》的规定,我国网络服务提供者承担的间接侵权责任包括教唆侵权责任和帮助侵权责任。

但是,我国的网络服务提供者间接责任制度仍然存在一些问题,需要检讨。

首先,我国网络服务提供者间接侵害知识产权的责任类型

---

❶ See Catherine Fancher and G. Harvey Dunn, Ⅲ, The Trend Toward Limited Internet Service Provider (ISP) Liability for Third Party Copyright Infringement on the Internet: A United States and Global Perspective, 2002 Bus. L. Int'l 143 2002, at 152-153.

❷ 参见《信息网络传播权保护条例》(2013 年修订) 第 20、21、22、23 条。

仅有两种，即教唆侵权责任和帮助侵权责任，类型化不足，未形成完善的责任体系，是否足以治理网络环境下的知识产权侵权责任，尚有检讨的余地。

关于网络服务提供者的间接侵权责任，美国法规定了三种责任形态，一是引诱侵权责任，二是辅助侵权责任，三是替代责任。引诱侵权责任是积极引诱网络用户实施侵权行为应当承担的故意侵权责任，辅助侵权责任是网络服务提供者在知道❶网络用户的侵权行为后还积极促成或者提供实质性帮助的情况下要承担的侵权责任。替代责任是严格责任，是网络服务提供者在有权利和能力控制网络用户的侵权行为且从其侵权行为中直接获得了经济利益的情形下应当承担的责任。此外，美国DMCA还规定了"避风港"制度❷，免除一定条件下网络服务提供者的责任。上述三种责任形态和"避风港"制度，形成了一个比较合理的制度体系，对于有效规制网络服务提供者责任、合理平衡网络服务提供者和网络用户之间的利益，发挥了重要作用。

与美国相比，我国《侵权责任法》仅有2条法条可以用于调整网络服务提供者间接侵害知识产权的行为，一是第9条规定的教唆侵权责任和帮助侵权责任，二是第36条第2、3款规定的连带责任。基于法律的体系解释，第36条第2、3款规定规定的连带责任应当解释为与第9条相对应的帮助侵权责任。❸

---

❶ 知道包括事实上的知道（has actual knowledge of）和推定知道（has constructive knowledge of）。

❷ 17 U. S. C. § 512.

❸ 最高人民法院法释〔2012〕20号文件即采这一见解，参见第8条。司法实践基本上也持这种见解，参见上海玄霆娱乐信息科技有限公司与山东机客网络技术有限公司侵害著作权纠纷案，一审案号为（2011）济民三初字第329号，二审案号为（2013）鲁民三终字第36号。

概括起来，我国网络服务提供者承担的间接侵权责任类型只有教唆侵权责任和帮助侵权责任，与美国法相比，缺少了替代责任。

与司法实践中的复杂情况相比，教唆侵权责任和帮助侵权责任构成的责任制度并不周延，无法适应司法实践的需要。举例而言，在网络服务提供者不存在故意教唆、帮助的情形下，其具有控制网络用户的侵权行为的权利和能力，但又从网络用户的侵权行为中直接获得了经济利益，如何确定网络服务提供者的责任，是一个特别明显的现实问题。例如，某互联网公司运营网络服务器，提供存储空间服务，甲将其开发的网站（一些程序和网页的集合）存储、运行于该公司的网络服务器上，该公司收取一笔固定的服务器出租费，另外再根据网站的访问量按比例收取费用。假设甲的网站上提供了一部侵权电影，该公司并不知情，如果甲无力赔偿权利人的损失，此时应当如何处理？要不要追究该公司的责任？由于该公司既未教唆、帮助甲实施侵权行为❶，亦未实施《侵权责任法》第8、10、11、12条意义上的侵权行为❷，因此可能面临无法追责的局面。但是，该公司在提供存储这项服务上具有控制甲的权利和能力，也从甲的侵权行为中直接获得了经济利益❸，如果不追究该公司的责

---

❶ 帮助侵权行为以帮助人具有主观故意为要件，详见后述，该公司显然没有帮助甲实施侵权行为的主观故意。

❷ 《侵权责任法》第8条调整分工合作的狭义共同侵权行为，后文将详细阐述；第10条调整共同危险行为；第11条调整2人以上分别实施且均足以造成同一损害后果的侵权行为；第12条调整2人以上分别实施、结合起来造成同一损害后果的侵权行为（单个行为均不足以造成损害后果）。该公司的行为不符合前述法条调整的情形。

❸ 根据网络访问量收取一定比例的费用，属于直接获得经济利益的情形。

任，似乎与公平正义不符。此种情形与替代责任相符，如果我国也规定了网络服务提供者的替代责任，则此种情形可以适用替代责任。由此可见，我国的间接侵权责任类型比较少，类型化不足，无法涵盖网络服务提供者应当承担责任的全部情形。我们应当根据司法实践的需要，参考借鉴域外的法制经验，研究和完善我国的间接侵权责任制度。

其次，网络服务提供者的知识产权间接侵权责任制度的法律体系也存在问题。《侵权责任法》中明确涉及网络服务提供者责任的仅有第36条，法律条款单一，虽然第9条也可以作为间接责任的一般条款予以适用，但总体上仅有第9条、第36条可供适用，法律规则比较简单。与之相比，《信息网络传播权保护条例》中涉及网络服务提供者责任的法律规则更加丰富，但是《信息网络传播权保护条例》是一部行政法规，而且仅适用于著作权领域的信息网络传播权保护。网络环境下的侵权对象除了著作权，还有商标权、专利权等，对于商标权、专利权等知识产权的网络侵权治理，《侵权责任法》第9条、第36条确立的规则无法满足实际的需要。这里就存在一个明显的问题，即网络服务提供者的知识产权间接侵权责任制度的法律体系不完善，《侵权责任法》的规则过于简单，是否可以把《信息网络传播权保护条例》的相关规定上升到《侵权责任法》或者移植到《商标法》和《专利法》中，法律规范的外部体系应当如何调整，这些问题都需要研究。

再次，《侵权责任法》第36条规定的连带责任的适用存在很多问题和争议，该责任的法律构造和司法适用还需要进一步研究。法解释学上，《侵权责任法》第36条规定的连带责任是帮助侵权连带责任。帮助侵权责任在法律性质上是故意侵权责任，以帮助人具有主观故意为要件。❶ 但是，大量的知识产权专业论文、司法解释文件及司法裁判文书，都以注意义务的确立和违反来论证网络服务提供者的过错，进而论证网络服务提供者应当承担《侵权责任法》第36条所规定的连带责任。注意义务，是义务主体谨慎、小心地行为（作为或者不作为），避免给他人造成损害的法律义务，是一种行为致害后果的预见义务和避免义务。❷ 无论在英美法系还是大陆法系，注意义务都是客观过失理论中过失侵权责任的构成要件。❸ 但是，我国的帮助侵权责任以帮助人具有帮助他人侵权的主观故意为构成要件，因此，注意义务与帮助侵权责任在概念逻辑体系上是矛盾的，不能兼容，用注意义务的违反来论证帮助侵权责任，在逻辑上无法成立。而且，目前司法实务中对注意义务的强调和适用有日趋强化的趋势，凡是提及网络服务提供者责任，提及《侵权责任法》第36条，就必然强调注意义务。虽然司法实务中一再强调网络服务提供者对网络信息不承担审查义务，但是，对注意义务的过度强调，可能导致注意义务与审查义务的边界模糊，无法区分。这是司法实务中存在的一个明显问题，需要我们对网络服务提供者承担的帮助侵权责任的法律构造和司法适用加强研究。

最后，"避风港"规则的解释和适用也需要进一步加强研

---

❶ 全国人大常委会法制工作委员会民法室编：《中华人民共和国侵权责任法条文说明、立法理由及相关规定》，北京大学出版社2010年版，第38页；最高人民法院侵权责任法研究小组编著：《〈中华人民共和国侵权责任法〉条文理解与适用》，人民法院出版社2010年，第76页；王泽鉴：《侵权行为》，北京大学出版社2009年版，第365页。

❷ 廖焕国：《侵权法上注意义务比较研究》，武汉大学2005年博士学位论文，第50~53页。

❸ 廖焕国：《侵权法上注意义务比较研究》，武汉大学2005年博士学位论文，第9~45页。

究。美国法中，由于版权领域的侵权责任的归责实行严格责任原则，DMCA 制定实施之前，对于网络服务提供者是否适用严格责任，司法实践中存在不同的判决。❶ 为了消除实践中的争议，统一司法裁判，DMCA 第 512 条明确规定了"避风港"规则，对于符合一定条件的网络服务提供者免除侵权责任。我国《侵权责任法》第 36 条和《信息网络传播权保护条例》第 20、21、22 条也规定了"避风港"规则。一种观点认为前述条款也是责任免除条款。❷ 但是，由于我国著作权侵权行为是一般侵权行为，并非特殊侵权行为，侵权责任的归责实行过错责任原则，与美国法中的版权侵权责任实行严格责任原则不同，因此，我国的"避风港"规则与美国的"避风港"规则存在本质的区别，不可同日而语。如何正确解释和适用我国的"避风港"规则，也是需要研究的问题。另外，《侵权责任法》第 36 条第 2 款确立的"通知与删除"规则是否可以适用于所有的知识产权侵权案件，《商标法》和《专利法》是否有必要建立"通知与删除"规则、"转通知"规则和"反通知与恢复"规则，也有待研究。

以上列举了现实中存在的几个典型问题，这些问题都与网络服务提供者间接侵权责任相关，需要研究并加以解决。

(二) 与本研究相关存在的问题

关于网络服务提供者间接侵害知识产权的责任，国内已有大量研究，但是也还存在一些问题。

---

❶　See Playboy Enterprise, Inc. v. Frena, 839 F. Supp. 1552（M. D. Fla, 1993）; Religious Technology Center v. Netcom On‐Line Communication Services, 907 F. Supp. 1361（N. D. Cal. 1995）.

❷　史学清、汪涌："避风港还是风暴角——解读《信息网络传播权保护条例》第 23 条"，载《知识产权》2009 年第 2 期。

一是在研究内容方面尚有欠缺。以往的研究主要集中于两点。

首先是网络服务提供者责任的归责问题，也就是研究《侵权责任法》第36条第2、3款中的"知道"的解释问题。一系列文章和专著主要从"应知"和注意义务角度，来研究、论证网络服务提供者的过失，并进而论证网络服务提供者应当承担《侵权责任法》第36条第2、3款规定的连带责任。这个问题引发了很多学者的讨论。一派学者认为，《侵权责任法》第36条第3款的"知道"包括"明知"和"应知"。"应知"是指网络服务提供者负有注意并预防网络用户实施侵权行为的义务，若未尽到此等注意义务，则具有过失，应当承担连带责任。[1] 另一派学者认为，"知道"不包括"应知"，网络服务提供者不负担注意并预防网络用户实施侵权行为的义务，仅在明知网络用户的侵权行为而未采取阻止侵权行为的必要措施的情况下，才与网络用户承担连带责任。[2]

其次是"避风港"规则的问题。既往的研究围绕著作权法领域的"避风港"规则到底是免责条款还是归责条款，哪些情况下应该进入"避风港"等问题展开了研究。但是，对于网络服务提供者间接侵害知识产权责任的类型化及相关法律规范的体系化问题，还欠缺深入的研究。因此，网络服务提供者间接侵害知识产权责任的类型化、体系化构建问题，值得深入研究。

二是在研究深度上也有欠缺。笔者检索中国知网（CNKI），

---

[1] 吴汉东："论网络服务提供者的著作权侵权责任"，载《中国法学》2011年第2期；崔国斌："网络服务商共同侵权制度之重塑"，载《法学研究》2013年第4期。

[2] 杨立新："《侵权责任法》规定的网络侵权责任的理解与解释"，载《国家检察官学院学报》2010年第2期；张新宝、任鸿雁："互联网上的侵权责任：《侵权责任法》第36条解读"，载《中国人民大学学报》2010年第4期。

发现最近几年涉及网络服务提供者知识产权责任或者义务的博士论文,具有深度且有代表性的只有两篇:一为于波的《网络中介服务商知识产权法律义务研究》(华东政法大学 2013 年博士论文);二为徐伟的《网络服务提供者侵权责任理论基础研究》(吉林大学 2013 年博士论文)。于波的博士论文重点论述了网络服务提供者的知识产权法律义务。徐伟的博士论文重点讨论了网络服务提供者连带责任及归责原则的问题。以上论文对推进我国的网络服务提供者义务和责任问题的研究具有重要意义。但是,截至 2015 年 12 月,笔者确定本书的写作计划时止,并没有在中国知网 (CNKI) 检索到专门研究网络服务提供者间接侵害知识产权责任类型化、体系化构建的博士论文。期刊论文也主要讨论网络服务提供者的连带责任问题,没有就责任的类型化、体系化进行深入的研究。因此,笔者希望就这一主题展开深入研究,论证网络服务提供者间接侵害知识产权责任的三元责任形态——教唆侵权责任、帮助侵权责任及替代责任,并对三种责任的法律构成、司法适用以及责任的限制进行深入的研究。

概括起来,以往的研究,在立法论方面,主要集中于研究应当如何适当扩大网络服务提供者作为守门人的责任问题,即应当如何确定网络服务提供者的注意义务、过错以及相应的责任问题;在解释论方面,主要集中研究《侵权责任法》第 36 条规定中的"知道"和《信息网络传播权保护条例》第 23 条规定中的"应知"的解释问题,亦即如何确定网络服务提供者的注意义务、过错等问题。但是,很少有人从侵权法的视角,系统地研究网络服务提供者间接侵害知识产权的责任应当如何类型化、体系化以及如何构建一个适应实践需要的责任制度之类的问题。基于此,本书就网络服务提供者间接侵害知识产权责任的类型化和体系化进行了深入的研究。

(三) 研究问题的提出

针对上述问题,本书围绕网络服务提供者间接侵害知识产权责任的类型化和体系化,展开深入的研究和论证,并依次论述和回答以下问题:

第一,网络服务提供者间接侵害知识产权的责任制度现状是什么?存在什么问题?

第二,应当如何构建网络服务提供者间接侵害知识产权的责任制度?

第三,各类型的间接侵权责任,即教唆侵权责任、帮助侵权责任及替代责任应当如何构成和适用?

第四,如何针对著作权、商标权和专利权的特点完善我国的"避风港"规则?

三、文献综述

文献综述是学术研究的起点,是了解、掌握特定领域既往研究状况,发现新的研究方向的基本方法。本书的文献综述主要包括文献概况、国内制度及相关研究述评、外国制度和相关研究述评及结论四部分。

(一) 文献概况

笔者全面检索、梳理了网络服务提供者间接责任领域的立法和司法文件、论文、司法判例等资料,基本掌握了本领域的研究状况。笔者的检索工具主要是"中国知网""Westlaw""Heinonline"三大数据库。笔者整理的文献资料主要由以下几个部分构成:在文献类型上,包括三大类,第一类是立法和司法资料,第二类是论著和论文,第三类是司法判例。这些文献,从研究对象上来区分,可以分为研究国内法、美国法及欧洲法的资料。

1. 立法和司法资料

首先是国内法资料，包括《民法通则》《侵权责任法》《著作权法》《商标法》《专利法》《信息网络传播权保护条例》、最高人民法院法释〔2012〕20号文件、最高人民法院《关于审理利用信息网络侵害人身权益民事纠纷案件适用法律若干问题的规定》（法释〔2014〕11号）等。

其次是国外法资料，包括美国的DMCA及《专利法》，欧盟的《欧洲电子商务指令》及《欧洲知识产权执行指令》，德国的《民法典》及《电信媒体法》（*Telemedia Act*）等。

2. 论著及论文

首先是国内的论著及论文。论著主要有：王迁的《网络环境中的著作权保护研究》、孔祥俊的《网络著作权保护法律理念与裁判方法》、薛虹的《十字路口的国际知识产权法》、宋哲的《网络服务商注意义务研究》、吴伟光的《数字条件下的版权法危机与对策》等。论文包括期刊论文与博士学位论文，硕士学位论文由于研究深度上有欠缺，未重点考虑。期刊论文中，笔者在"中国知网"中以"网络服务提供者"+"责任"或者"网络服务提供商"+"责任"或者"网络服务商"+"责任"的主题词组合检索方式检索"CSSCI"来源期刊论文，再辅以手工筛选，最后确定的文献总共133篇。博士学位论文中有代表性的有两篇，即于波和徐伟。

其次是国外的论文。通过"Westlaw""Heinonline"数据库检索后，选取有代表性的论文共47篇。

3. 司法案例

本书涉及国内的司法案例7个，美国司法案例14个。

(二) 国内制度及相关研究述评

为了适应《世界知识产权组织版权条约》（WCT）及《世

界知识产权组织表演与录音制品条约》（WPPT）的要求，在吸收借鉴美国 DMCA 的经验的基础上，我国对《著作权法》进行了修订，增加了数字化网络环境下信息网络传播权的保护规定。同时，为了适应信息网络传播权保护的需要，我国开展了信息网络传播权保护的专门立法工作，其中的重点是网络服务提供者责任的规制。2006 年，我国制定了《信息网络传播权保护条例》（2013 年进行了第一次修订），该法明显受到了美国 DMCA 的影响，对网络服务提供者责任作出了明确规定，具体涉及"避风港"规则、"通知与删除"规则等。2009 年，我国制定了《侵权责任法》，其中第 36 条专门对网络服务提供者责任作出了规定。

总结起来，目前我国涉及网络服务提供者间接侵权责任的法律主要包括两部，一为《侵权责任法》，二为《信息网络传播权保护条例》。《侵权责任法》中涉及网络服务提供者责任的条文包括第 9 条确立了教唆、帮助侵权连带责任，第 36 条第 2、3款确立了网络服务提供者的帮助侵权连带责任。此外，《信息网络传播权保护条例》第 23 条还确立了网络服务提供者的共同侵权责任。❶

近年来，国内专家学者围绕我国网络服务提供者责任制度，在归责原则、注意义务、责任形式、"避风港"规则及"通知与删除"规则等方面进行了大量的研究。

1. 网络服务提供者责任的归责原则

归责，在侵权法意义上，是确定侵权损害后果责任的归属。

---

❶ 《信息网络传播权保护条例》第 23 条规定："网络服务提供者为服务对象提供搜索或者链接服务，在接到权利人的通知书后，根据本条例规定断开与侵权的作品、表演、录音录像制品的链接的，不承担赔偿责任；但是，明知或者应知所链接的作品、表演、录音录像制品侵权的，应当承担共同侵权责任"。此处的共同侵权连带责任应当解释为帮助侵权连带责任，详见后述。

归责原则（有的学者亦称为"归责事由"），是指根据何种原则（事由）来确定侵权损害后果的归属。❶一般认为，归责原则包括过错责任原则、危险责任原则。网络服务提供者责任的确定，应当实行过错责任原则，这在知识产权界是通识。❷民法上的过错，包括故意和过失。网络服务提供者的过错，究竟是仅指故意，还是包括过失，很多学者往往不加区分，笼统地认为网络服务提供者具有过错就应当承担责任。不过，就其论证的语境而言，过错包括故意和过失。例如，全国人大常委会法制工作委员会民法室认为："要求网络服务提供者在过错而不仅在故意的情形下承担侵权责任，符合其他国家和地区的发展趋势和国际惯例……"❸亦即，网络服务提供者在过失的情形下承担连带责任也是合理的，就此，《侵权责任法》第36条规定中的"知道"可以解释为包括"明知"和"应知"，"应知"而未知就具有过失，也应当承担连带责任。又如，孔祥俊认为，网络服务提供者承担间接侵权责任，适用过错责任原则，过错表现为"明知"和"应知"网络用户的侵权行为而未采取阻止措施。"应知"的判断应采取类似于美国法中的"红旗标准"。❹

但是，也有专家学者认为，网络服务提供者责任的归责应当仅限于故意的情形。例如，冯术杰认为，在《侵权责任法》

---

❶ 朱岩：《侵权责任法通论总论——责任成立法》，法律出版社2011年版，第229~231页。

❷ 全国人大常委会法制工作委员会民法室编：《中华人民共和国侵权责任法条文说明、立法理由及相关规定》，北京大学出版社2010年版，第152页；孔祥俊：《网络著作权保护法律理念与裁判方法》，中国法制出版社2015年版，第195~257页。

❸ 全国人大常委会法制工作委员会民法室编：《中华人民共和国侵权责任法条文说明、立法理由及相关规定》，北京大学出版社2010年版，第152页。

❹ 孔祥俊：《网络著作权保护法律理念与裁判方法》，中国法制出版社2015年版，第195~257页。

实施之前，一直是按共同侵权中的帮助侵权来处理网络服务提供者责任的，而《侵权责任法》第36条第2、3款规定的连带责任也与帮助侵权责任是相符的，帮助侵权责任以主观故意为要件，因此，网络服务提供者责任是故意侵权责任。❶ 胡晶晶也认为，《侵权责任法》第36条规定的网络服务提供者连带责任，是故意侵权责任，而不包括过失责任。❷

2. 网络服务提供者的注意义务

注意义务，是指行为致害后果的预见义务和避免义务❸，包括事先预见和主动预防的意旨。当前，知识产权界对于注意义务的认识，有泛化的现象，例如，有的观点认为"通知与删除"规则中的"删除义务"、披露网络用户注册资料的义务等也是注意义务。基于注意义务包含事先预见和主动预防致害后果的意旨，网络服务提供者的注意义务，是指网络服务提供者在提供中立的网络服务过程中谨慎注意和主动预防网络用户侵害他人知识产权的义务，除此之外的其他义务均不是注意义务。网络服务提供者是否应当负担注意并预防网络用户侵害他人知识产权的注意义务，国内学者的意见分为两派。

一些学者认为网络服务提供者应负担注意义务，如孔祥俊、崔国斌、刘文杰等。其中，有些学者的研究是解释论研究，从《侵权责任法》第36条和《信息网络传播权保护条例》第23条推导出注意义务；另一些学者的研究既有解释论研究也有立法

---

❶ 冯术杰："网络服务提供者的商标侵权责任认定——兼论《侵权责任法》第36条及其适用"，载《知识产权》2015年第5期。

❷ 胡晶晶："论'知道规则'之'应知'——以故意/过失区分为视角"，载《云南大学学报（法学版）》2013年第6期。

❸ 廖焕国：《侵权法上注意义务比较研究》，武汉大学2005年博士学位论文，第50~53页。

论研究。例如，孔祥俊进行了解释论的研究❶，认为《侵权责任法》第 36 条第 3 款规定中的"知道"应当解释为包括"明知"和"应知"，"应知"而未知网络用户的侵权行为，表明网络服务提供者未尽到注意义务，具有过失，应当与网络用户承担连带责任。他还认为，注意义务的设定应当坚持"红旗标准"，即网络用户侵权的事实像一面红旗一样飘扬时，网络服务提供者理应注意到，如果未注意到则违反了注意义务，具有重大过失，应当承担责任。❷ 另有一些学者则进行了立法论的研究。例如，崔国斌认为，我国应当告别"避风港"规则，重塑网络服务提供者共同侵权责任制度，赋予网络服务提供者一般的注意义务，许可法官依据"正常合理"（善良管理者）的一般标准，结合个案的实际需要，确认网络服务提供者注意义务的具体内容。❸ 刘文杰认为，网络服务提供者开启了网络服务，应当对其经营场所——网络空间上的安全负担保障义务，如果发生了网络用户侵权的事实，网络服务提供者对此未尽到安全保障义务，则对受侵害人负有责任。❹ 我国法上的安全保障义务借鉴自德国民法中的交往安全义务，安全保障义务、交往安全义务与注意义务虽然不是同一个法律概念，但在一定程度上也具有相同的意旨。刘文杰基于立法论的视角，从安全保障义务的角度讨论了网络服务提供者的注意义务。

另一些学者认为，网络服务提供者不应当负担注意义务。

---

❶ 孔祥俊：《网络著作权保护法律理念与裁判方法》，中国法制出版社 2015 年版，第 200~203 页。

❷ 孔祥俊：《网络著作权保护法律理念与裁判方法》，中国法制出版社 2015 年版，第 222~226 页。

❸ 崔国斌："网络服务商共同侵权制度之重塑"，载《法学研究》2013 年第 4 期。

❹ 刘文杰："网络服务提供者的安全保障义务"，载《中外法学》2012 年第 2 期。

例如，杨立新认为，《侵权责任法》的立法指导思想是明确的，网络服务提供者不应当负担注意义务，如果要求网络服务提供者负担注意义务，就意味着网络服务提供者要对网络侵权内容承担审查义务，这明显超出网络服务提供者的能力，是不可能实现的。❶ 徐伟认为，我国部分学者关于《侵权责任法》第36条规定中的"知道"包括"应知"并暗含注意义务的主张，系对美国"红旗标准"的误读。"红旗标准"是以网络服务提供者已经意识到了明显可以从中推导出侵权事实的情形为主观前提，而并没有对网络服务提供者提出应当意识到侵权事实的义务要求。参照美国DMCA中的"红旗标准"来解读我国《侵权责任法》第36条规定中的"知道"，并认为我国网络服务提供者应当负担注意和预防网络用户侵权行为的义务，系对美国法律的误读。"知道"不包含"应知"，而应当解释为包括"明知"和"推定知道"。"明知"是有证据证明的"知道"，"推定知道"是根据间接事实推定网络服务提供者知道网络用户的侵权行为。《侵权责任法》第36条规定中的"知道"并不包含应知的注意义务。❷ 此外，冯术杰也认为，《侵权责任法》第36条规定中的"知道"不包括过失意义上的"应知"而未知的情形，网络服务提供者不应当负担注意义务。❸

网络服务提供者是否负担注意义务，对网络侵权的治理和网络服务业的发展事关重大，如果网络服务提供者负担注意义

---

❶ 杨立新："《侵权责任法》规定的网络侵权责任的理解与解释"，载《国家检察官学院学报》2010年第2期。

❷ 徐伟："网络服务提供者'知道'认定新诠——兼驳网络服务提供者'应知'论"，载《法律科学》2014年第2版。

❸ 冯术杰："网络服务提供者的商标侵权责任认定——兼论《侵权责任法》第36条及其适用"，载《知识产权》2015年第5期。

务，则对知识产权权利人极为有利，但对网络服务业的正常发展可能不利。注意义务的确立，将极大地影响网络服务提供者和知识产权权利人之间的利益安排，并会进一步影响网络服务业和网民的利益。因此，在立法论上，是否应当确立网络服务提供者的注意义务，应当慎重论证。在解释论上，本书认为，《侵权责任法》第 36 条规定中的"知道"并不暗含网络服务提供者负有预见和阻止网络用户实施侵权行为的注意义务。基于体系解释技术，《侵权责任法》第 36 条第 2、3 款的连带责任应当与该法第 9 条结合起来，解释为帮助侵权连带责任，以网络服务提供者具有帮助网络用户实施侵权行为的主观故意为要件。因此，"知道"只能是"明知"或"推定知道"，无法从中推导出注意义务。

3. 网络服务提供者的责任形式

对于网络用户实施的侵权行为，网络服务提供者应当承担何种责任，学者们展开了比较深入的研究。在我国，有的学者从间接侵权责任的角度，研究和界定网络服务提供者的责任。虽然我国现行法律体系下缺乏直接侵权与间接侵权的法律概念，但很多学者在学术研究中仍然借助直接侵权与间接侵权的概念体系来构建网络服务提供者的间接侵权责任，将网络服务提供者为网络用户实施的侵权行为承担的责任称之为间接侵权责任，并将其对应为我国现行法律体系中的教唆侵权责任和帮助侵权责任。例如，吴汉东教授[1]、王迁教授[2]、孔祥俊教授[3]均借助

---

❶ 吴汉东："论网络服务提供者的著作权侵权责任"，载《中国法学》2011 年第 2 期。

❷ 王迁：《网络环境下著作权保护研究》，法律出版社 2011 年版，第 144~206 页。

❸ 孔祥俊：《网络著作权保护法律理念与裁判方法》，中国法制出版社 2015 年版，第 123~154 页。

间接侵权责任中的教唆侵权责任、帮助侵权责任对网络服务提供者责任进行分析认定。

另有学者则从共同侵权的角度来研究、界定网络服务提供者的责任，认为网络服务提供者承担的责任是共同侵权责任。例如，崔国斌认为：我国应当告别网络存储服务和网络信息定位服务的安全港规则，许可法院依据共同侵权的一般规则重新塑造网络服务提供者共同侵权责任规则。重新塑造网络服务提供者共同侵权责任规则的基本指导思想是，许可法官依据"正常合理人"（善良管理者）的一般标准，结合个案的实际需要，确认网络服务提供者注意义务的具体内容。❶

还有学者，例如徐伟先生，则对网络服务提供者共同侵权连带责任制度进行了批判，认为网络服务提供者应当承担按份责任。他认为，以共同侵权来解释网络服务提供者连带责任的规定既与共同侵权的构成要件不相符，又存在价值取向不均衡的正当性不足，同时还造成了诸多司法实践操作难题❷，进而主张将《侵权责任法》第 36 条第 2、3 款规定的网络服务提供者责任改造为按份责任，根据网络服务提供者和网络用户的过错比例来分担责任，网络服务提供者承担责任的基础在于其知道网络用户的侵权行为之后未履行法定的"删除义务"，造成或者扩大了损害后果。❸

本书认为，对网络服务提供者责任形式的研究，应当区分解释论研究和立法论研究。解释论上，在《侵权责任法》实施

---

❶ 崔国斌："网络服务商共同侵权制度之重塑"，载《法学研究》2013 年第 4 期。

❷ 徐伟：《网络服务提供者侵权责任理论基础研究》，吉林大学 2013 年博士学位论文，第 5~22 页。

❸ 徐伟：《网络服务提供者侵权责任理论基础研究》，吉林大学 2013 年博士学位论文，第 115~129 页。

之前，帮助侵权视为共同侵权❶，网络服务提供者帮助网络用户
实施侵权行为的，应当承担共同侵权责任。《侵权责任法》实施
之后，根据该法第 36 条第 2、3 款的规定，网络服务提供者应当
承担连带责任，基于法律的体系解释，该连带责任应当解释为
帮助侵权连带责任。另外，根据该法第 9 条的规定，网络服务
提供者教唆网络用户侵权的，还要承担教唆侵权责任。因此，
在我国目前的侵权法体系下，网络服务提供者的责任形式包括
教唆侵权责任和帮助侵权责任。立法论上，教唆侵权责任和帮
助侵权责任是否足以规制网络服务提供者的间接侵权行为，不
无疑问，是否可以参照美国法中网络服务提供者的替代责任以
及我国《侵权责任法》中的替代责任条款，构造我国的网络服
务提供者的替代责任，应当予以研究。

4. "避风港"规则

美国 DMCA 第 512 条确立了"避风港"规则。我国《侵权
责任法》第 36 条第 2、3 款分别规定："网络用户利用网络服务
实施侵权行为的，被侵权人有权通知网络服务提供者采取删除、
屏蔽、断开链接等必要措施。网络服务提供者接到通知后未及
时采取必要措施的，对损害的扩大部分与该网络用户承担连带
责任。""网络服务提供者知道网络用户利用其网络服务侵害他
人民事权益，未采取必要措施的，与该网络用户承担连带责
任。"依反面解释，如果网络服务提供者在接到被侵权人的通知
或者知道网络用户的侵权行为后，采取了必要措施的，就不应
当与网络用户承担连带责任，即进入了"避风港"。《信息网络
传播权保护条例》第 20~22 条也规定了网络服务提供者不承担

❶　参见《最高人民法院关于贯彻执行〈中华人民共和国民法通则〉若干问题
的意见（试行）》第 148 条。

赔偿责任的情形。前述条款被称为我国的"避风港"规则。但上述条款到底是不是免责条款,学者们持有不同意见。

王迁的观点非常具有代表性,值得关注。他认为,对我国"避风港"规则的理解应当与美国的"避风港"规则有所区别。美国 DMCA 中的"避风港"规则的制定,是由于侵害版权的归责实行严格责任原则,在 DMCA 制定实施之前,司法实践中存在网络服务提供者应当承担严格责任的观点,这种情况非常不利于网络服务业的发展。为了将网络服务提供者从严格责任中解放出来,DMCA 专门在第 512 条中规定了若干情形的"避风港"规则,只要网络服务提供者满足有关情形,就可以进入"避风港",不必承担侵权责任。与美国不同,我国网络服务提供者责任的归责实行过错责任原则,以网络服务提供者的主观过错为要件,因此对《信息网络传播权保护条例》第 20~22 条规定的"免责条件"应该有正确的认识,所谓的"免责条件"是与归责条件相对应,是对归责条件的否定性规定。❶

徐伟先生也对上述所谓"避风港"规则进行了批判性研究。他的观点与王迁相似,认为我国侵权法体系与美国完全不同,我国移植美国法中的"避风港"规则与我国法律体系不符,应当将免责条款("避风港"规则)改造为归责条款。❷

本书认为上述两位学者的意见有一定道理,《信息网络传播权保护条例》第 20~22 条的规定实际上是排除网络服务提供者主观过错的规定,属于侵权责任构成要件的否定性条款,并不是侵权责任构成要件符合之后的免责条款。

---

❶ 王迁:《网络环境下著作权保护研究》,法律出版社 2011 年版,第 207~296 页。

❷ 徐伟:《网络服务提供者侵权责任理论基础研究》,吉林大学 2013 年博士学位论文,第 23~49 页。

(三) 国外制度及研究述评

依据美国传统理论，版权侵权责任分为直接侵权责任和间接侵权责任。直接侵权实行严格责任原则，只要存在加害事实，无论行为人的主观意图，都需要承担侵权责任。间接侵权责任包括引诱侵权责任、辅助侵权责任和替代责任，责任的认定依据相应的构成要件进行。在互联网产生之初，美国部分法院依据严格责任原则来认定网络服务提供者的侵权责任，这方面的典型判例是 1993 年的 Frena 案。该案中，被告 Frena 是 BBS 网站 Techs Warehouse 的经营者，被告网站的用户未经原告授权，擅自上传了原告出版物上的图片，并将图片中原有的文字材料删去，代之以被告的文字、广告及地址。尽管被告辩称自己并未上传侵权内容，但法院仍判决被告侵权，并认为："认定构成版权侵权无须侵权之意图，主观上的故意或实际知晓并不是构成侵权的一个要件，即使是无过错的侵权人也应对其行为承担法律责任。有无过错只是影响法院判决的法定赔偿金数额。"❶ 但是，这类判决遭到了网络服务提供者的抵制，他们开始了立法游说。于是，在 1998 年制定的 DMCA 中，第 512 条针对四类网络服务提供者❷专门规定了免责条件，即所谓的 "避风港" 规则。

DMCA 制定实施之后，美国人的研究主要集中于两点。

第一，关于网络服务提供者间接侵权责任的适用。研究者集中研究帮助侵权责任及替代责任的法律构成。网络服务提供者的

---

❶　Playboy Enterprise, Inc. v. Frena, 839 F. Supp. 1552 (M. D. Fla, 1993).

❷　第一类为 Transitory Digital Network Communications (数字网络传输服务商)；第二类为 System Caching (系统缓存服务商)；第三类为 Information Residing On Systems Or Networks Direction Of Users (信息存储平台服务商)；第四类为 Information Location Tools (信息定位服务商)。

帮助侵权责任，是指网络服务提供者在知道网络用户的行为构成侵权行为后，还引诱、促成或实质性地帮助网络用户实施侵权行为，应当承担的责任。因此，帮助侵权责任具有两个构成要件：一是网络服务提供者知道网络用户的侵权行为，包括实际知道（has actual knowledge of）和推定知道（has constructive knowledge of）；二是网络服务提供者故意提供实质性帮助（knowingly provides substantial aid or encouragement to another's commission of a tort）。❶ 替代责任是指，网络服务提供者在具有控制网络用户的侵权行为的权利和能力，且从网络用户的侵权行为中直接获得经济利益的情况下，应当为网络用户的侵权行为承担责任。❷ 2005 年，美国联邦最高法院在 Grokster 案中又发展出了引诱侵权责任。

第二，"避风港"规则的阐释。美国 DMCA 针对 4 类网络服务提供者设定了"避风港"规则。研究者主要针对"避风港"规则的理解和适用展开了研究。其中，Edward Lee 针对 DMCA 中的"避风港"规则，做了深入的阐释和研究。他在 *Decoding the DMCA Safe Harbors* 一文中深入地阐释了"避风港"规则。❸ 他认为：第一，DMCA 中的"避风港"规则不仅适用于辅助侵权责任，还适用于替代责任，即只要满足第 512 条规定中的相关

---

❶ Thomas C. Folsom, Toward Non – neutral First Principles Of Private Law: Designing Secondary Liability Rules For New Technological Uses, 3 Akron Intell. Prop. J. 43 2009, at 56-59.

❷ Lital Helman, Pull Too Hard and the Rope May Break: On the Secondary Liability of Technology Providers for Copyright Infringement, Texas Intellectual Property Law Journal, Vol. 19, Issue 1 (Summer 2010), at 116.

❸ Edward Lee, Decoding the DMCA Safe Harbors, 32 Colum. J. L. & Arts 233 2008-2009, at 233-269.

要求，网络服务提供者的任何责任都可以得到豁免。第二，"红旗测试"规则有主观和客观两方面的要求，主观上要求网络服务提供者意识到了网络用户涉嫌侵权的事实或情形，客观上要求侵权情况是明显的，即一个合理人根据涉嫌侵权的情形能够明显推知侵权行为存在。第三，网络服务提供者没有监测、调查网络用户侵权的义务，只有当其明知或者意识到了明显构成侵权行为的情形，才有阻止网络用户的侵权行为的义务。

(四) 结 论

概括起来，国内以往的研究，在立法论方面，主要集中于研究应当如何适当扩大网络服务提供者作为守门人的责任，即应当如何确定网络服务提供者的注意义务、过错以及相应的责任。在解释论方面，主要集中于研究《侵权责任法》第 36 条规定中的"知道"和《信息网络传播权保护条例》第 23 条规定中的"应知"的解释，亦即如何确定网络服务提供者的注意义务、过错等问题。但是，既往的研究，还存在以下不足：一是在研究内容方面还有欠缺；二是在研究深度上也有欠缺。对此，前文已述，此处不再赘述。因此，笔者希望就网络服务提供者间接侵害知识产权的责任类型和体系进行深入的研究，并对教唆侵权责任、帮助侵权责任及替代责任的法律构成和司法适用进行深入的研究。

四、研究意义

本书的目标是围绕我国网络侵权治理的实践需要，深入研究网络服务提供者间接侵害知识产权的责任制度，论证教唆侵权责任、帮助侵权责任及替代责任构成的三元责任制度的合理性。这一研究具有以下几个方面的意义。

首先，本书的研究在既往研究的基础上，将我国网络服务提供者间接侵害知识产权责任问题的研究向前推进，系统地研究了网络服务提供者间接侵害知识产权责任的类型化、体系化问题，论证教唆侵权责任、帮助侵权责任及替代责任构成的三元责任制度的合理性，而且对三种责任的法律构成和司法适用进行系统深入的研究，具有一定的学术意义。

其次，我国当前的网络服务提供者间接侵害知识产权责任制度存在一些问题，现行法律在解释和适用上存在困境，无法适应网络侵权治理的需要，本书的研究能为将来修改、完善我国的网络服务提供者间接侵权责任制度提供理论支撑，具有实践意义。

再次，本书对于各种责任类型尤其是帮助侵权责任的法律构成和司法适用进行了深入研究，对于人们理解和适用《侵权责任法》第 36 条第 2、3 款的规定具有重要的参考意义。

最后，本书对《侵权责任法》第 36 条第 2 款规定的"通知与删除"规则在知识产权侵权案件中的解释和适用进行了研究，指出"通知与删除"规则原则上可以适用于侵害信息网络传播权案件和侵害商标权案件，但无法适用于侵害专利权案件；同时指出应当根据著作权、商标权和专利权案件的特点，构建适用于各自领域的"避风港"规则，《商标法》和《专利法》中不应照搬著作权法领域的"避风港"规则，而应当建立"通知—转通知—删除"规则。

五、研究方法

(一) 比较研究法

网络服务提供者责任的法律规制是世界性难题，自从美国 DMCA 第 512 条确立"避风港"制度以来，世界各主要国家均参考、借鉴美国 DMCA 的立法经验，展开网络服务提供者权利、义务及责任的立法工作，取得了一定的经验。人类面对的社会问题大同小异，解决问题的智慧也往往相似，法律制度上的比较研究是世界各国研究和改善法律治理的基本手段。研究我国的网络服务提供者责任问题，有必要打开视野，从其他主要国家的法律制度中吸取智慧和经验。本书的主要研究方法之一是比较研究法。本书在分析我国网络服务提供者责任制度的现状和问题后，对美国、欧盟地区的网络服务提供者责任制度进行了比较分析，为构建我国的网络服务提供者间接侵权责任制度提供了国际视野。

（二）经济学分析方法

网络服务提供者间接侵权责任的法律规制，一方面涉及知识产权权利人的利益，另一方面涉及网络服务提供者的利益，更重要的是还涉及网络服务业的健康发展，以及广大网民的利益。虽然制度构建需要考量与平衡各方的利益，但更重要的价值目标是经济效率，只有符合经济效率的法律制度才有生命力。因此，经济学分析是研究和建构法律制度的重要方法。本书也将采用经济学的分析方法对网络服务提供者责任制度进行分析和论证。

（三）法解释学研究法

本书既是立法论研究，也是解释论研究，本书将大量运用法律解释学研究法，对我国的网络服务提供者责任制度进行分析和论证。例如，在介绍和分析我国网络服务提供者间接责任制度一章中，本书主要运用法律解释学方法，阐释我国目前的网络服务提供者责任制度，分析其缺陷和问题。在"网络服务提供者帮助网络用户侵害知识产权的责任"一章中，本书也将大量运用法律解释学方法，阐释《侵权责任法》第 36 条第 2、3款规定的司法适用。

(四) 案例分析法

案例分析法是本书研究的另一个重要方法。本书将大量运用案例分析法，指出我国网络服务提供者责任制度中的司法现状和问题，在分析论证帮助侵权责任时，也将运用案例分析法阐述《侵权责任法》第 36 条第 2、3 款规定的正确理解和适用。

六、本书的主要概念

为了方便论述，现对本书的主要概念界定如下。

网络服务提供者，与网络内容提供者（Internet content provider）相对应，是指不提供网络内容服务而提供中性的网络服务（例如网络接入服务、网络存储服务、网络平台交易服务、网络搜索引擎服务等）的市场主体，与英文中的 Internet Service Provider（ISP）相对应。

知识产权直接侵权行为，是指未经知识产权权利人许可，直接实施受知识产权专有权控制且没有法定抗辩事由的行为，也简称为知识产权直接侵权。

知识产权间接侵权行为，是指行为人虽然没有实施直接侵权行为，但教唆、帮助他人实施知识产权直接侵权行为，或者基于某种特殊关系而负有义务却未能阻止他人实施知识产权直接侵权行为的情形，也简称为知识产权间接侵权。本书的"间接侵害"系对间接侵权行为的另一种表达形式。根据我国现行法律的规定，网络服务提供者间接侵权行为包括教唆侵权行为和帮助侵权行为。

直接侵权行为和间接侵权行为并不是我国现行法律中的概念，而是传统民法中的学理概念。根据传统民法理论，直接侵权行为是指由行为人自己之故意或者过失，直接侵害他人权利之行为；间接侵权行为是指由行为人自己之故意或者过失，致

他人之行为或者行为以外的事实，侵害他人权利之行为。❶ 直接
侵权行为与间接侵权行为的区别，在于行为与损害之间的原因
是直接原因还是间接原因；属于直接原因的，为直接侵权行为，
属于间接原因的，为间接侵权行为。例如，某人直接殴打他人
造成他人人身伤害，殴打行为系他人人身伤害的直接原因，系
直接侵权行为。如果某人在地面上放置一块木头，致夜间行人
撞到木头而摔伤，则该行为是造成夜间行人之人身伤害的间接
原因，系间接侵权行为。

虽然直接侵权行为和间接侵权行为不是我国的现行法律概
念，而是学理概念，但上述概念对于分析、论述有关问题非常
方便，因此，本书借助前述概念，展开研究。

知识产权直接侵权责任，是指实施知识产权直接侵权行为
所产生的民事责任。

知识产权间接侵权责任，是指实施知识产权间接侵权行为
而承担的民事责任，我国法中包括教唆侵权责任和帮助侵权责
任，美国法中包括引诱侵权责任、辅助侵权责任及替代责任。

网络服务提供者的知识产权间接侵权责任，亦可称为网络
服务提供者间接侵害知识产权的责任，是指网络服务提供者故
意引诱、教唆或者帮助网络用户实施知识产权直接侵权行为而
应承担的民事责任，或者具有控制网络用户的权利和能力且从
网络用户的知识产权直接侵权行为中直接获得经济利益的网络
服务提供者对该网络用户的知识产权直接侵权行为承担的责任，
包括网络服务提供者的教唆、帮助侵权责任及网络服务提供者
的替代责任。

---

❶ 郑玉波著：《民法债编总论》（修订二版），陈荣隆修订，中国政法大学出
版社 2004 年版，第 122 页。

网络服务提供者教唆网络用户侵害知识产权的责任，是指网络服务提供者故意引诱、教唆网络用户实施知识产权直接侵权行为而应承担的民事责任。

网络服务提供者帮助网络用户侵害知识产权的责任，是指网络服务提供者知道网络用户正在或即将实施知识产权直接侵权行为而提供实质性帮助所应承担的民事责任。帮助侵权责任以帮助人的主观故意为要件，过失无法构成帮助侵权责任。

网络服务提供者对网络用户侵害知识产权的替代责任，是指网络服务提供者具有控制网络用户的权利和能力且从网络用户的知识产权直接侵权行为中直接获得了经济利益而应承担的民事责任。

第一章　网络服务提供者间接侵害知识产权之责任制度检讨

我国现行法律体系中涉及网络服务提供者间接侵害知识产权责任的法律，包括《侵权责任法》《商标法》和《信息网络传播权保护条例》。本章首先从我国立法层面分析我国现行法律规定的网络服务提供者间接侵害知识产权的责任类型，检讨其存在的问题，然后分析目前司法实践的动向及其存在的问题。

第一节　网络服务提供者间接侵害知识产权的法定责任类型及检讨

一、法定责任类型：教唆侵权责任和帮助侵权责任

我国现行法律体系中涉及网络服务提供者间接侵害知识产权责任的法律，包括《侵权责任法》《商标法》和《信息网络传播权保护条例》。结合相关法律进行分析，可以确认我国现行法律规定的网络服务提供者间接侵害知识产权的责任类型包括教唆侵权责任和帮助侵权责任。

（一）《侵权责任法》的相关规定

《侵权责任法》第 9 条第 1 款规定，"教唆、帮助他人实施侵权行为的，应当与行为人承担连带责任"，这是关于教唆、帮助侵权责任的规定。对于网络服务提供者教唆或者帮助网络用户侵害他人知识产权的情形，可以适用上述规定追究网络服务提供者的教唆或者帮助侵权责任，亦即第 9 条确立了网络服务提供者的教唆侵权责任和帮助侵权责任。

《侵权责任法》第 36 条第 2 款规定："网络用户利用网络服务实施侵权行为的，被侵权人有权通知网络服务提供者采取删除、屏蔽、断开链接等必要措施。网络服务提供者接到通知后未及时采取必要措施的，对损害的扩大部分与该网络用户承担连带责任。"第 3 款规定："网络服务提供者知道网络用户利用其网络服务侵害他人民事权益，未采取必要措施的，与该网络用户承担连带责任。"在上述两种情形下，网络服务提供者未采取删除、屏蔽、断开链接等必要措施的，应当与网络用户就其实施的知识产权直接侵权行为承担连带责任。

《侵权责任法》第 36 条第 2、3 款规定的数人侵权连带责任是什么类型？其主观要件如何构成？这些问题有必要予以厘清。

《侵权责任法》第 36 条位于该法第四章"关于责任主体的特殊规定"中，是关于特殊责任主体承担责任的规定。我国是大陆法系国家，在立法技术上遵循总则与分则、一般规定与特殊规定的逻辑体系，《侵权责任法》的体系亦如此。《侵权责任法》第二章"责任构成和责任方式"中第 8、9、10、11、12 条是关于数人侵权责任的一般规定，第 36 条第 2、3 款是关于数人侵权责任的特殊规定。因此，我们要确定该法第 36 条第 2、3 款规定的数人侵权及连带责任的类型，就应当运用体系解释方法，根据该法第 8、9、10、11、12 条关于数人侵权的一般规定进行分析。

《侵权责任法》第 8 条调整 2 人以上共同实施的侵权行为；第 9 条调整教唆、帮助侵权行为；第 10 条调整共同危险行为；第 11 条调整 2 人以上分别实施且均足以造成同一损害的侵权行为；第 12 条调整 2 人以上分别实施且叠加一起共同造成同一损害（单个行为均不足以造成损害）的侵权行为。根据该法第 36 条第 2、3 款的规定，实施加害行为的是网络用户，网络服务提供者提供中立的网络服务，并未实施加害行为，其在知道网络用户的侵权行为后未采取阻止侵权的必要措施，继续为网络用户提供网络技术服务的情形下，应当承担连带责任。网络服务提供者知道网络用户的侵权行为后"未采取必要措施"而继续提供网络服务的行为，显然不是第 10 条所称的共同危险行为，更不是第 11、12 条所称的 2 人以上分别实施的侵权行为。❶ 那么，它到底是第 8 条所称的 2 人以上共同实施的侵权行为，还是第 9 条所称的帮助侵权行为？为此，需要明确第 8 条所称的"共同实施侵权行为"的范围。

共同侵权行为有广义和狭义之分。《侵权责任法》制定实施之前，我国民法采广义的共同侵权制度，将共同加害行为、共同危险行为、教唆帮助行为以及数人分别实施直接结合产生同一损害后果的行为都规定为或者视为共同侵权行为。❷ 但是，《侵权责任法》对共同侵权制度进行了改造。第 8、9、10 条共

---

❶　《侵权责任法》第 11 条要求数个侵权行为均足以造成同一损害后果，第 36 条与此不符；第 12 条是按份责任的数人侵权行为，第 36 条是连带责任的数人侵权行为，与第 12 条也不符。

❷　参见《民法通则》第 130 条、《最高人民法院关于贯彻执行〈中华人民共和国民法通则〉若干问题的意见（试行）》第 148 条、《最高人民法院关于审理人身损害赔偿案件适用法律若干问题的解释》第 3 条第 1 款、第 4 条。

同构成广义的共同侵权行为，第 8 条只调整狭义的共同侵权行为，亦即 2 人以上基于共同过错而共同实施的共同侵权行为，包括故意与故意结合、故意与过失结合、过失与过失结合的共同侵权形态。● "共同实施" 有别于第 11、12 条规定的 "分别实施"，其主要形态为：（1）具有意思联络的数人共同实施的加害行为；（2）虽然没有意思联络，但数人共同实施的加害行为构成一个不可分割的整体行为，该整体行为导致了损害后果，只能一体评价，不能分别评价。

根据《侵权责任法》第 36 条第 2、3 款的规定，网络服务提供者和网络用户之间没有侵害他人知识产权的共同过错，双方也没有共同实施侵权行为，亦即网络服务提供者 "未采取必要措施" 的行为不是第 8 条所称的共同侵权行为，而只能是第 9 条所称的帮助侵权行为。

以上是基于《侵权责任法》关于数人侵权的一般规定与特殊规定的关系，进行体系解释得出的结论。也许有人会对上述体系解释提出质疑，认为特殊规定往往会因为其特殊性而溢出一般规定的涵摄范围，一概按一般规定的性质来解释特殊规定，显得过于机械，特殊规定就不再特殊了，法律也就没有必要作出特殊规定，仅作出一般规定即为已足。本书对这种观点不敢苟同。第一，法律作出一般规定的一个重要原因，是因为法律无法穷尽特殊规定，当特殊规定不足以应对实践需要时，一般规定可供适用。这是法律作出一般规定的重要意义所在。第二，一般规定是对特殊规定的抽象和概括，这是大陆法系 "提取公因式" 的一项立法技术，立法者在作出一般规定和特殊规定时

● 曹险峰："数人侵权的体系构成——对侵权责任法第 8 条至第 12 条的解释"，载《法学研究》2011 年第 5 期。

遵循了这一立法技术，因此，一般规定原则上都可以用于解释特殊规定。第三，我们不应当排斥体系解释方法，除非特殊规定确实溢出了一般规定的涵摄范围。《侵权责任法》第 36 条第 2、3 款并没有溢出数人侵权类型的范围，将其解释为第 9 条的帮助侵权类型，没有任何障碍。

上面是对法律进行体系解释得出的结论。此外，将《侵权责任法》第 36 条第 2、3 款规定的连带责任解释为帮助侵权连带责任，还有以下理由。

第一，从《侵权责任法》第 36 条第 2、3 款的文义进行分析，网络服务提供者接到被侵权人的"通知"或通过其他方式"知道"网络用户利用网络服务提供者提供的网络服务侵害他人权利，而不采取必要措施，继续为网络用户的侵权行为提供网络服务的，即为实质性的帮助行为，其承担的连带责任是帮助侵权连带责任。

第二，比较法上，美国也是将此种情形下网络服务提供者的责任称为"Contributory Liability"，翻译过来即为辅助侵权责任，相当于我国的帮助侵权责任。

第三，最高人民法院法释〔2012〕20 号文件第 7 条第 3 款亦将网络服务提供者"未采取必要措施"的行为界定为帮助侵权行为。❶

综合上述分析，无论采体系解释、文义解释、比较法解释，还是根据最高人民法院法释〔2012〕20 号文件，《侵权责任法》第 36 条第 2、3 款规定的"未采取必要措施"的行为是帮助侵权行为，此种情况下网络服务提供者承担的连带责任是帮助侵

---

❶　该款表述为："网络服务提供者明知或者应知网络用户利用网络服务侵害信息网络传播权，未采取删除、屏蔽、断开链接等必要措施，或者提供技术支持等帮助行为的，人民法院应当认定其构成帮助侵权行为。"

权连带责任。

帮助侵权行为在法律性质上是故意侵权行为，以帮助人具有帮助他人侵权的主观故意为要件，这基本上是一个共识。❶ 故意包括直接故意和间接故意。直接故意，是指行为人明知其行为会造成侵害他人权利的后果，仍然希望、追求损害后果发生的主观心理状态。间接故意，是指行为人明知其行为可能造成侵害他人权利的后果，仍然放任损害后果发生的主观心理状态。❷ 帮助侵权责任以帮助人的主观故意为要件，是合理的。帮助人没有实施直接加害行为，不是直接侵权行为人，传统民法将帮助人视为共同侵权人❸，令其与直接加害人承担连带责任，是基于法律政策的考量作出的法律拟制。因为不制裁帮助人的故意帮助行为，违背了社会正义观念，明显不合理，法律责难的是帮助人的故意帮助行为。因此，只有帮助人知道他人的侵权行为后仍然为其提供帮助的，即在故意的心理状态下实施帮助行为，才能与直接侵权人承担连带责任。在过失状态即不知道他人的侵权行为的情况下，自然不应当承担责任。例如，甲有一把菜刀，当甲明知第三人正在实施侵权行为，仍然为其提供菜刀作为侵权工具之用，则甲是故意帮助该第三人实施侵权行为，要承担帮助侵权连带责任。但是，在甲不知情的情况下，

---

❶ 全国人大常委会法制工作委员会民法室编：《中华人民共和国侵权责任法条文说明、立法理由及相关规定》，北京大学出版社 2010 年版，第 38 页；最高人民法院侵权责任法研究小组编著：《〈中华人民共和国侵权责任法〉条文理解与适用》，人民法院出版社 2010 年版，第 76 页；王泽鉴：《侵权行为》，北京大学出版社 2009 年版，第 365 页。

❷ 程啸：《侵权责任法》，法律出版社 2011 年版，第 198 页。

❸ 参见《德国民法典》第 830 条第 2 款、《日本民法》第 719 条第 2 款、我国台湾地区"民法"第 185 条第 2 款及《最高人民法院关于贯彻执行〈中华人民共和国民法通则〉若干问题的意见（试行）》第 148 条。

第三人拿了甲的菜刀去实施侵权行为，即使甲随意放置菜刀、未予妥善保管，具有过失，甲也没有为第三人的侵权行为提供帮助的故意，不应当承担帮助侵权责任。

总之，帮助侵权责任以帮助人的主观故意为要件，过失不能构成帮助侵权责任。如果过失也能构成帮助侵权责任，就会导致帮助侵权责任泛滥，过分限制社会公众的行为自由，不利于社会交往，实不可取。

基于以上分析，如果要依据《侵权责任法》第36条第2、3款追究网络服务提供者的帮助侵权责任，则应以网络服务提供者主观故意为要件，在网络服务提供者不知道网络用户的侵权行为的情况下，无论网络服务提供者具有什么过失，都不能责令其与网络用户承担连带责任。

（二）《信息网络传播权保护条例》的有关规定

《信息网络传播权保护条例》第23条规定："网络服务提供者为服务对象提供搜索或者链接服务，在接到权利人的通知书后，根据本条例规定断开与侵权的作品、表演、录音录像制品的链接的，不承担赔偿责任；但是，明知或者应知所链接的作品、表演、录音录像制品侵权的，应当承担共同侵权责任"。其"但书"部分的构成要件和《侵权责任法》第36条第3款规定的构成要件基本相同，区别之处在于，前者的要件为"明知或者应知"，后者的要件为"知道"。但是，前者规定网络服务提供者应当承担共同侵权责任，而不是帮助侵权责任。根据前面的分析，《侵权责任法》第8条规定的共同侵权行为是具有共同过错和共同行为的狭义共同侵权行为，与帮助侵权行为互为独立形态。因此，《信息网络传播权保护条例》第23条"但书"部分将网络服务提供者承担的责任表述为共同侵权责任，显系采广义的共同侵权概念，未与上位法《侵权责任法》的相关概念体系保持一致。为了与上位法《侵权责任法》第 36 条第 3 款的规定保持一致，应当将《信息网络传播权保护条例》"但书"规定的共同侵权责任解释为广义共同侵权责任中的帮助侵权责任。

(三)《商标法》和《商标法实施条例》的有关规定

根据《商标法》第 57 条第 (6) 项的规定："故意为侵犯他人商标专用权行为提供便利条件，帮助他人实施侵犯商标专用权行为的"，属于侵犯注册商标专用权的行为。《商标法实施条例》第 75 条规定："为侵犯他人商标专用权提供仓储、运输、邮寄、印制、隐匿、经营场所、网络商品交易平台等，属于商标法第五十七条第六项规定的提供便利条件。"上述两条结合起来，意味着网络服务提供者故意为网络用户侵害他人商标权提供网络商品交易平台服务的，属于帮助网络用户侵害商标权的行为，应当承担帮助侵权责任。

上文对我国现行法律涉及网络服务提供者责任的规定，进行了全面梳理，总结起来，我国现行法律为网络服务提供者规定了两种知识产权间接侵权责任类型：一为教唆侵权责任，二为帮助侵权责任。

有一种观点认为，我国《信息网络传播权保护条例》第 22 条第 (4) 项确立了网络服务提供者的替代责任。[1] 本书认为，这种观点不能成立。第 22 条的规定表述为："网络服务提供者为服务对象提供信息存储空间，供服务对象通过信息网络向公众提供作品、表演、录音录像制品，并具备下列条件的，不承担赔偿责任：(一) 明确标示该信息存储空间是为服务对象所提供，并

---

[1] 姚鹤徽："论著作权法替代责任制度——兼评我国立法相关条款的完善"，载《华中科技大学学报（社会科学版）》2013 年第 27 卷第 5 期。

公开网络服务提供者的名称、联系人、网络地址；（二）未改变服务对象所提供的作品、表演、录音录像制品；（三）不知道也没有合理的理由应当知道服务对象提供的作品、表演、录音录像制品侵权；（四）未从服务对象提供作品、表演、录音录像制品中直接获得经济利益；（五）在接到权利人的通知书后，根据本条例规定删除权利人认为侵权的作品、表演、录音录像制品。"根据该条的表述，网络服务提供者如果满足上述全部条件，则无需承担赔偿责任。但是，反过来说，如果不满足上述全部条件，是否就应当承担赔偿责任呢？显然不是。我国法律并未特别规定网络服务提供者责任的归责实行无过错责任原则，在此情况下，网络服务提供者的归责应当实行过错原则。网络服务提供者是否应当负担赔偿责任，必须具备过错要件。网络服务提供者未满足《信息网络传播权保护条例》第 22 条第（4）项规定的条件，即如果其从服务对象提供作品、表演、录音录像制品中直接获得了经济利益，并不表明就一定具有过错，一定要承担赔偿责任。因此，《信息网络传播权保护条例》第 22 条第（4）项是网络服务提供者不承担赔偿责任的规定，并不能认为该项规定确立了网络服务提供者的替代责任。进一步说，侵权责任涉及社会公众的行为自由，如果我国法律要规定替代责任，也应该由全国人民代表大会及其常务委员会通过法律予以规定，而不能由国务院通过《信息网络传播权保护条例》加以规定。即使《信息网络传播权保护条例》可以作出规定，也应该从正面规定替代责任的要件，而不是像第 22 条第（4）项那样进行规定。总之，我国目前的法律并没有规定网络服务提供者的替代责任。

二、问题检讨之一：责任的类型化不足

我国现行法律只规定了网络服务提供者的教唆和帮助侵权

责任，二者皆为故意侵权责任类型，以网络服务提供者具有教唆或帮助网络用户实施侵权行为的主观故意为要件。但是，实践中，由于网络服务模式日益更新，层出不穷，教唆侵权责任和帮助侵权责任并不足以治理网络环境下的知识产权侵权行为。试举一例：假设某互联网公司运营网络服务器，提供存储空间服务，甲将其开发的网站（一些程序和网页的集合）存储、运行于该公司的网络服务器上，该公司收取一笔固定的服务器出租费，另外再根据网站的访问量按比例收取费用。假设甲的网站上提供了一部侵权电影，该公司并不知情，甲无力赔偿权利人的损失，此时应当如何处理？要不要追究该公司的责任？该公司既未教唆、帮助甲实施侵权行为，亦未实施《侵权责任法》第 8、10、11、12 条意义上的侵权行为❶，因此，可能面临无法追责的局面。但是，该公司在提供存储这项服务上具有控制甲的权利和能力，也从甲的侵权行为中直接获得了经济利益，如果不追究该公司的责任，显然与公平正义不符，也会助长互联网公司的此类行为，不利于网络侵权行为的治理。由此可见，我国的间接侵权责任制度并不周全，类型化不足，无法涵盖网络服务提供者应当承担责任的全部情形。

三、问题检讨之二：责任制度的体系化不足

从法律体系上言，《侵权责任法》是侵权法的一般法，《著作权法》《商标法》及《专利法》中的侵权责任条款是特别法。

---

❶ 《侵权责任法》第 8 条调整 2 人以上基于共同过错而共同实施的侵权行为，前文已述，第 10 条调整共同危险行为，第 11 条调整 2 人以上分别实施且均足以造成同一损害后果的侵权行为，第 12 条调整 2 人以上分别实施结合起来造成同一损害后果的侵权行为（单个行为均不足以造成损害后果），该公司的行为不符合前述法条调整的情形。

但是，《侵权责任法》规制网络服务提供者间接侵权责任的条文仅有第9条、第36条，而且两个法律条款非常粗略。在著作权法层面上，《信息网络传播权保护条例》对网络服务提供者的义务、责任以及责任限制作出了比较完整的规定，但也仍然有值得检讨和完善的地方。《商标法》则仅提供了一条规范，即《商标法》第57条第（6）项和《商标法实施条例》第75条共同构成的调整网络商品交易平台的帮助侵权责任的规范。《专利法》则未提供规范。在网络服务业日益发达的形势下，目前的责任制度显然无法满足实践的需要。《侵权责任法》《著作权法》《商标法》及《专利法》中应当如何构建网络服务提供者间接侵权责任制度？如何将间接侵权责任的法律规范体系化？这些问题都应当加强研究。

第二节　法律适用的动向及检讨

由于目前规制网络服务提供者间接责任的法律条款比较粗略，而司法实践中的案型复杂多样，有些案件原本无法适用《侵权责任法》第36条规定的帮助侵权责任，但是，从公平的角度衡量，如果不追究网络服务提供者的责任则显得不公。因此，为了妥善处理实践中的一些案型，当前法律解释和司法实践的一个基本的动向是，通过法律解释技术将《侵权责任法》第36条第3款和《信息网络传播权保护条例》第23条规定的网络服务提供者的连带责任扩大化，通过司法确立网络服务提供者的过失连带责任。其基本方法是，赋予网络服务提供者注意义务，在司法个案中认定，网络服务提供者未预防网络用户的直接侵权行为，构成对注意义务的违反，具有过失，从而判决其承担连带责任。本书将上述思路和做法称为"网络服务提供者注意义务论"。显然，这是司法"造法行为"。《侵权责任法》第36条第2、3款调整故意帮助行为，但司法中的"注意义务论"将网络服务提供者的过失行为也纳入上述条款的调整范围，突破了立法规定，是司法"造法行为"。这种"造法行为"未经妥当的论证，且与帮助侵权责任的法律概念体系不符，应当检讨。下面予以阐述。

一、网络服务提供者注意义务论

注意义务是指行为致害后果的预见义务和避免义务，包括事先预见和主动预防侵权损害发生的意旨。❶ 但是，有的专家、学者对网络服务提供者的注意义务持相当宽泛的立场。例如，有的文章认为我国网络服务提供者的注意义务包括一般注意义务、对网络用户的告知义务和提供加害人资料的义务。❷ 还有的论文通过举例，认为美国的 DMCA 为提供存储服务的网络服务提供者规定了以下注意义务：（1）指定代理人负责接收侵权通知，并通过网络公布代理人的联系信息；（2）建立有效的"通知与删除"制度，及时对侵权通知作出合理应对；（3）建立、执行并告知用户"重复侵权在适当情形下会招致服务或账号被

❶ 廖焕国：《侵权法上注意义务比较研究》，武汉大学 2005 年博士学位论文，第 50~53 页。

❷ 张新宝、任鸿雁："互联网上的侵权责任：《侵权责任法》第 36 条解读"，载《中国人民大学学报》2010 年第 4 期。该文中，一般注意义务是指防止网络用户侵害他人知识产权的义务；对网络用户的告知义务，是指告知网络使用方法、付费方法、隐私权政策、注意事项等的义务；提供加害人资料的义务，是指网络用户实施侵害知识产权的行为后，网络服务提供者在知识产权权利人提出请求后应当向其披露该网络用户的资料。

终止"的服务；（4）容纳并且不得妨碍版权人所采取的用以识别和保护版权作品的标准技术措施。❶ 严格地说，上述两文中很多所谓的注意义务并不是侵权法中过失责任意义上的注意义务。根据注意义务的基本内涵，网络服务提供者的注意义务，特指网络服务提供者在提供中立的网络服务过程中谨慎注意和主动预防网络用户侵害他人知识产权的义务，除此之外的其他义务均不是注意义务。

最近几年来，知识产权界盛行网络服务提供者注意义务论，无论是理论研究、法律解释还是司法实践，都广泛地存在注意义务的论调。

（一）法律解释研究中的注意义务论

笔者检索"CNKI 中国知网"，以下述主题词组合的方式进行检索："网络服务商+注意义务""网络服务提供者+注意义务""网络服务提供商+注意义务"，一共检索到 133 篇论文，这些文章均直接或间接地论及网络服务提供者的注意义务。现举两例。

（1）颜峰著《网络服务提供者的注意义务及侵权责任》（简称"颜文"）。颜文是案例研究文章，具有很强的代表性。颜文认为：《侵权责任法》第 36 条第 3 款中的"知道"包括"明知"和"应知"，网络服务提供者"应知"而未知网络用户的侵权行为的，系对注意义务的违反，具有过错，应当承担帮助侵权责任。❷ 可见，颜文认为《侵权责任法》第 36 条第 3 款中的"知道"包括"明知"和"应知"，并将"应知"与注意

---

❶ 崔国斌："网络服务商共同侵权制度之重塑"，载《法学研究》2013 年第 4 期。

❷ 颜峰："网络服务提供者的注意义务及侵权责任"，载《人民司法》2014 年第 8 期。

义务的确立和违反相对应，并用来论证帮助侵权责任。

（2）吴汉东著《论网络服务提供者的著作权侵权责任》（简称"吴文"）。吴文论及《侵权责任法》第 36 条第 3 款的"知道"时，指出"知道"包括"明知"和"应知"，"应知"是指虽无充分证据证明网络服务提供者对于具体侵权行为存在实际认识，但基于其应具备的预见、判断和控制能力的注意义务，且违反注意义务与造成损害结果之间有因果关系，法院可以认定其主观上存在过错，责令承担帮助侵权责任。❶ 由此可见，吴文亦将"应知"与注意义务相对应，并用来论证帮助侵权责任。

总结起来，颜文和吴文都认为《侵权责任法》第 36 条中的"知道"包括"明知"和"应知"，又从"应知"中推导出注意义务，并以"应知"而未知网络用户的侵权行为来论证网络服务提供者的过错，进而论证网络服务提供者的帮助侵权责任成立。

（二）法律解释文件中的注意义务论

（1）最高人民法院法释〔2012〕20 号文件。其第 8 条规定："人民法院应当根据网络服务提供者的过错，确定其是否承担教唆、帮助侵权责任。网络服务提供者的过错包括对于网络用户侵害信息网络传播权行为的明知或者应知。"第 9 条对认定"应知"的各种考量因素进行了列举。第 11 条规定："网络服务提供者从网络用户提供的作品、表演、录音录像制品中直接获得经济利益的，人民法院应当认定其对该网络用户侵害信息网络传播权的行为负有较高的注意义务。"依第 11 条的反面解释，网络服务提供者未从网络用户提供的作品、表演、录音录像制

---

❶ 吴汉东："论网络服务提供者的著作权侵权责任"，载《中国法学》2011 年第 2 期。

品中直接获得经济利益的，人民法院应当认定其对该网络用户
侵害信息网络传播权的行为负有一般的注意义务。由此可见，
最高人民法院法释〔2012〕20 号文件将注意义务与"应知"相
对应，进而与帮助侵权责任联系在一起。其意旨是，网络服务
提供者违反注意义务，应知而未知网络用户的侵权行为，未采
取措施阻止网络用户的侵权行为的，应当承担帮助侵权责任。

（2）北京市高级人民法院《关于审理电子商务知识产权纠
纷案件若干问题的解答》（京高法发〔2013〕23 号）。根据该文
第 2 条第 2 款的规定，电子商务平台经营者应当承担必要的、
合理的知识产权合法性注意义务。根据该文第 4、5 条的规定，
电子商务平台经营者知道网络卖家利用其网络服务侵害他人知
识产权，但未及时采取措施的，应当对知道之后产生的损害与
网络卖家承担连带赔偿责任。知道包括明知和应知，应知是指
按照利益平衡原则和合理预防原则的要求，电子商务平台经营
者在某些情况下应当注意到侵权行为存在。根据前述规定，虽然
电子商务平台提供中立的交易平台服务，但是应当对网络用户侵
害知识产权的行为承担注意义务，否则要承担连带责任。虽然该
文未指出其中所述连带责任的性质，但鉴于其系对《侵权责任
法》第 36 条第 2、3 款的解释，其所称连带责任应当是指帮助侵
权连带责任❶，可见，该文也用注意义务来论证帮助侵权责任。

（三）司法实践中的注意义务论

司法实践中，认定网络服务提供者违反注意义务而承担帮
助侵权责任的案例很多，现举一例。

在上海玄霆娱乐信息科技有限公司（简称"玄霆公

---

❶　本章第一节已详细分析并指出《侵权责任法》第 36 条第 2、3 款所称的连
带责任在性质上是指帮助侵权连带责任，具体参见本章第一节的相关论述。

司"）与山东机客网络技术有限公司（简称"机客公司"）侵害著作权纠纷案❶，玄霆公司系国内原创文学门户网站"起点中文网"的运营商，该公司从张牧野处受让获得《鬼吹灯Ⅱ》的著作权后，在其"起点中文网"上提供付费下载及阅读《鬼吹灯Ⅱ》的服务。机客公司是一家经营手机商用商店的互联网企业，在其经营的网站（www. 159.com）上向手机用户提供小说《鬼吹灯2（全集）》（与前述《鬼吹灯Ⅱ》的内容完全相同）的下载服务，小说上传发布者为"159b j5"。

二审法院认为：虽然涉案作品系他人上载，但机客公司通过提供涉案作品的下载服务收取了费用，从中获取了直接经济利益。根据最高人民法院法释〔2012〕20 号文件第 11 条的规定，机客公司负有较高的注意义务，但其未尽到相应的注意义务，应当承担过错责任。根据该案案情和二审判决的表述，该案属于网络服务提供者帮助侵权案件，但二审法院根据最高人民法院法释〔2012〕20 号文件第 11 条的规定，以注意义务的违反来论证帮助侵权责任。❷

二、网络服务提供者注意义务论的检讨

（一）网络服务提供者注意义务论的"法律依据"

法律研究可以区分为立法论研究和解释论研究。立法论研究是站在立法者的立场，发现、检讨法律的缺陷，提出立法建议的研究方法。解释论研究是站在法律适用的立场，运用各种

---

❶ 一审案号为（2011）济民三初字第 329 号，二审案号为（2013）鲁民三终字第 36 号。

❷ 该案例即为前述颜峰《网络服务提供者的注意义务及侵权责任》一文中讨论的案例，该文也认为二审法院以注意义务的违反来论证帮助侵权责任。

法律解释技术解释法律、弥补其缺陷的研究方法。❶ 网络服务提供者注意义务论，既有立法论，也有解释论。由于我国特色社会主义法律体系已经形成❷，侵权法体系也已确立，本书主要讨论网络服务提供者注意义务解释论。

我国是大陆法系国家，法律义务应当由法律规定，没有法律依据就不存在法律义务。解释论上，注意义务是法律义务，一般情况下应当有法律依据。❸ 网络服务提供者注意义务论的法律依据是什么？从上文看，当前盛行的网络服务提供者注意义务论，主要源于两个法条中的"知道"和"应知"，一是《侵权责任法》第 36 条第 3 款中的"知道"，二是《信息网络传播权保护条例》第 23 条中的"应知"。

一种观点认为，《侵权责任法》第 36 条第 3 款中的"知道"包括"明知"和"应知"。❹ "应知"是指根据网络用户侵害知识产权的明显情形，网络服务提供者负有"应当知道"网络用户的侵权行为的义务，负有谨慎注意并防止网络用户侵权的义

❶ 李扬：《知识产权法基本原理》，中国社会科学出版社 2010 年版，第 169 页。

❷ 参见新华社：《依法治国的坚固基石——写在中国特色社会主义法律体系形成之际》，http://www.faxuezazhi.cn/index.php? m = content&c = index&a = lists&cid = 15，访问日期：2015 年 9 月 10 日。

❸ 虽然注意义务的产生依据除了法律规范外，还包括习惯、常理等准法律规范，甚至包括非法律规范，但鉴于我国是成文法国家，在目前的司法实践情况下，为了约束法官造法、在个案中随意确立注意义务，有必要对注意义务的产生依据予以限定，即主要是法律规范和准法律规范。对于网络服务这种中立性质的新兴行业，由于缺乏公认的习惯、常理和行业规范，故网络服务提供者注意义务论应当有法律依据，至少可以从整体法规范中解释出来。

❹ 全国人大常委会法制工作委员会民法室编：《中华人民共和国侵权责任法条文说明、立法理由及相关规定》，北京大学出版社 2010 年版，第 152 页；孔祥俊：《网络著作权保护法律理念与裁判方法》，中国法制出版社 2015 年版，第 200~203 页。

务，如果没有尽到此等注意义务，就具有过失❶，依据《侵权责任法》第 36 条第 3 款或者《信息网络传播权保护条例》第 23 条的规定，应当承担连带责任。据此，可以确认注意义务论源于人们根据《侵权责任法》第 36 条第 3 款中的"知道"所解释出来的"应知"，以及《信息网络传播权保护条例》第 23 条中的"应知"。这就是网络服务提供者注意义务论的"法律依据"。

（二）网络服务提供者注意义务论的"合法性"检讨

第一，注意义务与帮助侵权责任在概念逻辑体系上存在冲突。

依据本章第一部分的论述，《侵权责任法》第 36 条第 2、3 款和《信息网络传播权保护条例》第 23 条规定的网络服务提供者的连带责任是帮助侵权连带责任，以网络服务提供者知道网络用户的侵权行为并放纵该侵权行为的主观故意为要件，在网络服务提供者不知道网络用户侵权的情况下，无论网络服务提供者具有什么过失，都不能适用上述条款，责令其就网络用户侵害知识产权的行为承担连带责任。

根据《牛津法律大辞典》的解释，注意义务的含义是指：一个人对他人造成损害后，只有当法院判定被告在当时的情况下，对原告负有不为加害行为或不让加害行为发生的法律义务，而被告却未加注意，或未达到法律所要求的注意标准，或未采取法律所要求的预防措施，而违反此种义务时，他才在法律上对受害人承担过失责任。如果在当时不存在注意义务，由此发

---

❶ 吴汉东："论网络服务提供者的著作权侵权责任"，载《中国法学》2011 年第 2 期。

生的损害都属于无侵权行为的损害，被告不承担责任。❶ 据此，注意义务就是义务主体谨慎、小心地行为（作为或者不作为），避免给他人造成损害的法律义务。无论在英美法系还是大陆法系，注意义务都是客观过失论视角下过失侵权责任的构成要件。❷ 违反注意义务，表明行为人具有过失，应当对由此给他人造成的侵权损害后果负责。

　　注意义务是过失侵权责任的构成要件，而我国的帮助侵权责任以主观故意为要件，因此，注意义务与帮助侵权责任在概念逻辑体系上存在矛盾，无法兼容，用注意义务的违反来论证帮助侵权责任的成立，违反了法律逻辑。《侵权责任法》仅在第75条为高度危险物的所有人、管理人设定了注意义务，第36条并未明文设定注意义务。我们解释法律时，应当考虑概念逻辑体系的一致性，不能违背基本的法律逻辑体系。

　　笔者注意到，全国人大常委会法制工作委员会民法室编写的《中华人民共和国侵权责任法条文说明、立法理由及相关规定》在解释第36条第3款的"知道"时认为："要求网络服务提供者在过错而不仅在故意的情形下承担侵权责任，符合其他国家和地区的发展趋势和国际惯例……"亦即，该书认为网络服务提供者在过失的情形下承担连带责任也是合理的。❸ 本书认为，这种解释是否真的代表了立法本意，不无疑问，应当检讨。首先，其明显的缺陷是，没有照顾到《侵权责任法》关于数人

---

❶ ［英］戴维·M·沃克：《牛津法律大辞典》，光明日报出版社1988年版，第137页。

❷ 廖焕国：《侵权法上注意义务比较研究》，武汉大学2005年博士学位论文，第9~45页。

❸ 全国人大常委会法制工作委员会民法室编：《中华人民共和国侵权责任法条文说明、立法理由及相关规定》，北京大学出版社2010年版，第152页。

侵权及连带责任规定的体系，没有结合第 8、9、10、11 条来分析第 36 条规定的连带责任类型，不符合体系解释方法。从法律体系上解释，第 36 条规定的连带责任是帮助侵权连带责任，以网络服务提供者具有帮助网络用户实施侵权行为的主观故意为要件，过失帮助行为无法构成该责任。其次，从语义上分析，"知道"无法涵盖"应知"而未知的情形，将"知道"解释为包括"应知"而未知的情形，突破了"知道"的文义射程。再次，国际惯例和发展趋势亦非如此。以美国为例，和我国《侵权责任法》第 36 条第 3 款相对应的情形，美国侵权法中称为网络服务提供者承担的"Contributory Liability"（本书称为"辅助侵权责任"）。该责任的成立有两个要件：一是网络服务提供者知道网络用户的侵权行为，包括实际知道和推定知道；二是网络服务提供者故意提供实质性帮助。❶ 就笔者阅读的大量英文文献而言，美国法中讨论"Contributory Liability"时虽然也会提到过错（fault），但并不涉及过失（negligence）及注意义务（duty of care）等概念。据此可以明确，美国法中的"Contributory Liability"是故意侵权责任，而不是过失侵权责任。对此，李明德教授在他的《美国知识产权法》中也持基本相同的观点，即认为辅助侵权责任是一种故意侵权责任。❷ 在欧盟国家，网络服务提供者承担间接侵权责任（Secondary Liability）一般要求具备两个要件：一为故意的帮助（deliberate contribution to），二是知道他人的侵权行为（positive knowledge）。亦即网络服务提供者知道他

---

❶ See Thomas C. Folsom, Toward Non-neutral First Principles Of Private Law: Designing Secondary Liability Rules For New Technological Uses, 3 Akron Intell. Prop. J. 43 2009, at 56-59.

❷ 李明德：《美国知识产权法》（第二版），法律出版社 2014 年版，第 102~110 页、第 389~392 页、第 603~608 页。

人的侵权行为后，还故意提供帮助的，承担间接侵权责任。据此，网络服务提供者承担间接侵权责任的主观要件是故意。❶ 德国亦如此，例如，Thomas Hoeren 就认为德国的信息存储平台的间接侵权责任仅限于故意侵权责任，以故意为要件。❷

　　第二，《侵权责任法》第 36 条第 3 款规定中的"知道"是与注意义务无关的事实要件。"知道"是个事实要件，还是法律问题？如果认为"知道"包括"明知"和"应知"，又将"应知"与注意义务相对应，则"应知"就是注意义务的判断，是一个法律问题。因此，"知道"是事实问题还是法律问题，非常重要，有必要予以探究。

　　首先，从语义上分析，"知道"一词是对事实的表述，网络服务提供者是否知道网络用户的侵权行为是一个事实问题，而不是法律问题，只能根据证据来证明"知道"要件成立，或者通过间接证据来推定"知道"要件成立。知道就是知道，不知道就是不知道，是一个事实判断问题，不能将"知道"转换为一个法律问题。如果认为"知道"包括"应知"，又将"应知"与注意义务相对应，则网络服务提供者是否"应知"网络用户的侵权行为就成为一个判断注意义务是否确立和违反的法律问题了，这种解释违背了"知道"的基本书义。文义解释是最基本的法律解释方法，遵循法律的文义是狭义的法律解释应当遵循的界限。❸ 超出"知道"的基本书义，将"知道"解释为包括"应知"而未知的情形，继而将"应知"与注意义务相对

---

❶ Annette Kur, Secondary Liability for Trademark Infringement on the Internet: The Situation in Germany and Throughout the EU, 37 COLUM. J. L. & ARTS 525 (2014), at 525.

❷ Thomas Hoeren, Liability for online sevices in Germany, German Law Journal Vol. 10 No. 05, at 567.

❸ 梁慧星：《民法解释学》，中国政法大学出版社 1995 年版，第 214 页。

应，并转换为法律问题，违背了基本的文义解释规则，是不可取的。

其次，《侵权责任法》第 36 条第 3 款"知道"的表述历经多次修改，在第一次审议稿和第二次审议稿都表述为"明知"，在第三次审议稿中改为"知道或应当知道"，在最终审议稿中改为"知道"。❶ 之所以作出这样的修改，是因为立法者担心"明知"的证明难度太大，赋予权利人如此之重的举证责任不利于权利人维权和互联网环境的治理，故应当减轻权利人的举证负担，由法官根据个案具体情况去认定"知道"要件是否成立。从"明知"改为"知道"，反映出立法者对于"明知"这一事实要件证明难度的担心，而有意降低权利人的证明负担。不论是"明知"还是"知道"，在立法者眼里，都是一个应当举证证明的事实问题，而不是法律问题。

最后，最高人民法院《关于审理利用信息网络侵害人身权益民事纠纷案件适用法律若干问题的规定》（法释〔2014〕11号）第 9 条在解释《侵权责任法》第 36 条第 3 款中的"知道"时，并未提及注意义务，而是认为应当综合下列因素予以认定："（一）网络服务提供者是否以人工或者自动方式对侵权网络信息以推荐、排名、选择、编辑、整理、修改等方式作出处理；（二）网络服务提供者应当具备的管理信息的能力，以及所提供服务的性质、方式及其引发侵权的可能性大小；（三）该网络信息侵害人身权益的类型及明显程度；（四）该网络信息的社会影响程度或者一定时间内的浏览量；（五）网络服务提供者采取预防侵权措施的技术可能性及其是否采取了相应的合理措施；

---

❶ 张新宝、任鸿雁："互联网上的侵权责任：《侵权责任法》第 36 条解读"，载《中国人民大学学报》2010 年第 4 期。

（六）网络服务提供者是否针对同一网络用户的重复侵权行为或者同一侵权信息采取了相应的合理措施；（七）与本案相关的其他因素。"上述因素均为事实性因素，可见该规定认为"知道"是个事实问题，应当根据事实性因素予以认定，不涉及注意义务等法律问题。实际上，上述规定中的"认定"即包含了"推定"之意，即不管网络服务提供者是否实际"知道"网络用户的侵权行为，法官在个案中应当结合上述事实性因素认定（推定）网络服务提供者"知道"网络用户的侵权行为。

综上，《侵权责任法》第 36 条第 3 款规定中的"知道"是个事实要件，亦即网络服务提供者是否知道网络用户的侵权行为是事实判断问题，不是法律问题，网络服务提供者注意义务论将"知道"解释为包括"应知"，继而将"应知"与注意义务相对应并转换为法律问题，这种解释缺乏依据。

前文已述，《信息网络传播权保护条例》第 23 条规定的共同侵权责任应当解释为广义共同侵权责任中的帮助侵权责任，与《侵权责任法》第 36 条第 3 款规定的连带责任在性质上是一样的。因此，《信息网络传播权保护条例》第 23 条规定中的"明知或者应知"的含义与《侵权责任法》第 36 条第 3 款规定中的"知道"的含义是一致的。基于上述同样的理由，《信息网络传播权保护条例》第 23 条规定中"应知"也应当解释为"推定知道"，"应知"的判断是个事实问题，不是法律问题，与注意义务无关。

综上所述，《侵权责任法》第 36 条第 3 款和《信息网络传播权保护条例》第 23 条规定中的连带责任均为帮助侵权连带责任，以帮助人的主观故意为要件，其中的"知道"或"应知"均系对主观故意的表达，不是过失的表达，不是注意义务的法律依据。

(三) 网络服务提供者注意义务论的合理性检讨

法律解释既要有合法性依据，也要有合理性论证。网络服务提供者注意义务论的"合理性"依据可能有以下几个方面。首先，网络服务提供者开启了知识产权侵权的危险源，客观上造成了网络知识产权侵权活动严重的后果，应当负一定责任。其次，网络服务提供者是危险源的最佳控制者，由其谨慎注意并预防网络用户的侵权行为，效果较好。再次，追究网络用户的侵权责任难度较大，网络服务提供者的赔偿能力强，追究网络服务提供者的责任，更有利于知识产权保护。最后，网络服务提供商如果不注意并主动预防网络用户的侵权行为，对此承担责任是合理的。

本书认为，以上几点都不能成立，在法律没有赋予网络服务提供者注意义务的情况下，由司法者通过法律解释来赋予此种义务，缺乏正当性、合理性。

第一，网络服务是一项利国利民的新兴服务业，尽管该服务可能被非法利用，但网络服务本身没有危险性，是中性的，那种认为网络服务开启了知识产权侵权的危险源的观点，缺乏依据。正如美国的 Sony 案表明，提供具有"非侵权明显实质性用途"的产品，不能因为提供产品本身而承担任何责任。❶ 同理，提供具有"非侵权明显实质性用途"的网络服务，也不能因为提供网络服务本身承担任何责任，除非网络服务提供者引诱或故意帮助他人实施侵权行为。

第二，网络上的信息是海量的，网络服务提供者调查、搜索侵权信息并不容易，在法律没有明确赋予其该项义务时，司法者不能通过不合理的法律解释赋予该项义务。网络上侵权现

---

❶　Sony Corp. of America v. Universal City Studios, Inc., 464 U. S. 417 (1984).

象严重，需要综合治理，不应当将侵权预防成本压在网络服务提供者身上，如果赋予网络服务提供者注意义务，势必不利于网络服务业的正常发展。网络侵权的治理，应当贯彻责任自负的私法原则，对于网络用户实施的侵权行为，如果网络服务提供者既未教唆，亦未帮助，理所应当由网络用户承担责任。不能因为网络服务提供者的"口袋深"而将网络用户侵权产生的责任推到网络服务提供者身上。

第三，网络服务提供者注意义务论违背了公平原则。一般而言，除非法律特别规定，每个人只应对其自身行为负责，这是近代私法确立的责任自负原则。赋予网络服务提供者注意义务，意味着网络服务提供者要对网络用户的行为负责，要谨慎注意并主动预防网络用户的侵权行为，否则就要承担责任。这与网络服务的客观中立性质不符。利益平衡是法律制度设计和实施的基本原则。网络服务提供者责任制度的设计，应当兼顾权利人、网络用户、网络服务提供者以及社会公众的利益，注意义务论过于强调权利人利益的保护，而忽视了网络服务提供者和社会公众的利益。

第四，网络服务提供者注意义务论违背了经济效率原则。法律制度设计的一个重要考量因素是经济效率。有利于促进经济效率的制度才是好的制度。如果赋予网络服务提供者注意义务，网络服务提供者为了预防和阻止网络用户的侵权行为，不得不投入巨大的财力、物力及人力。但是，由于网络服务提供者并不掌握他人知识产权的情况，即使其投入巨大的财力、物力和人力，效果也不一定好。不仅如此，赋予网络服务提供者注意义务，还会极大地阻碍网络服务业的正常发展。相反，知识产权权利人最清楚自己的权利状况，由权利人发现侵权事实并通知网络服务提供者采取措施阻止网络用户的侵权行为，符

合最低成本预防原则。❶

　　第五，注意义务论的逻辑前提是，网络服务提供者对过失行为承担责任是合理的。过失如何判断？注意义务论者事先设定一个注意义务，再证明网络服务提供者违反了注意义务，进而证明其有过失。这种逻辑思路是存在问题的。网络服务提供者提供中性的网络服务不仅没有过错，相反具有积极意义，利国利民。我国法律没有赋予网络服务提供者在提供中性的网络服务的过程中主动注意、调查并预防网络用户的侵权行为的任何义务。没有义务，就无从违反，也就没有过失。注意义务论为网络服务提供者事先设定注意义务，没有任何依据。《侵权责任法》第36条只为网络服务提供者设定了"删除义务"，即在知道网络用户的侵权行为后，应当采取必要措施，只有不履行"删除义务"，才具有过错，而此时的过错是故意为网络用户的侵权行为提供帮助（即网络服务）。总之，根据我国《侵权责任法》及相关法律的规定，在网络服务提供者提供中性的网络服务过程中，在其知道网络用户的侵权行为之前，其不负有任何预防他人的侵权行为的义务，只有在知道网络用户的侵权行为之后，才负有"删除义务"。

　　第六，比较法上，美国法律也没有确立网络服务提供者主动预防网络用户的侵权行为的义务。美国法上，网络服务提供者承担的间接责任有三种：一是 Inducement Liability（引诱侵权责任），二是 Contributory Liability（辅助侵权责任），三是 Vicari-

❶　See Stacey Dogan, Principled Standards vs. Boundless Discretion: A Tale of Two Approaches to Intermediary Trademark Liability Online, Columbia Journal of law & The arts (2014), at 509.

ous Liability（替代责任）❶。和我国《侵权责任法》第 36 条第 2、3 款责任相对应的是 Contributory Liability，该责任成立的要件之一是网络服务提供者知道网络用户的侵权行为，包括实际知道和推定知道。美国的 DMCA 第 512 条规定了"避风港"制度❷，确立了"通知与删除"规则，网络服务提供者不负担调查网络用户侵权行为的义务，权利人负责调查网络用户的侵权事实并通知网络服务提供者，网络服务提供者接到通知后负责删除侵权材料。网络服务提供者只有在知道或被推定知道网络用户的侵权行为后仍未采取阻止侵权措施的，才承担辅助侵权责任，或者在有权利和能力控制网络用户的侵权行为且从该侵权行为中直接获得了经济利益时，才需要承担替代责任。❸

本章小结

根据上文的论述，我国现行法律规定了网络服务提供者的教唆侵权责任和帮助侵权责任，两种责任均为故意侵权责任。实践中，网络服务模式日益更新，层出不穷。在有些案件中，根据网络服务模式，网络服务提供者具有控制网络用户的权利和能力，也从网络用户的业务中直接获得了经济利益，但是网络服务提供者并无教唆或帮助网络用户侵害他人知识产权的主

---

❶　Thomas C. Folsom, Toward Non – neutral First Principles Of Private Law: Designing Secondary Liability Rules For New Technological Uses, 3 Akron Intell. Prop. J. 43 2009, at 43–104.

❷　17 U. S. C. § 512.

❸　Eugene C. Kim, Youtobe: Testing the Safe Harbors of Digital Copyright Law, 17 S. Cal. Interdisc. L. J. 139 2007–2008.

观故意，无法依据《侵权责任法》第 36 条和《信息网络传播权保护条例》第 23 条的规定，追究网络服务提供者的教唆或帮助侵权责任。但是，如果不追究网络服务提供者的责任，则有失公平。因此，现行法律体系中，网络服务提供者的知识产权间接侵权责任类型并不周全，不足以适应网络侵权治理的需要。

为了妥善处理实践中的一些案型，当前法律解释和司法实践的一个基本的动向是，通过法律解释技术，将《侵权责任法》第 36 条第 3 款和《信息网络传播权保护条例》第 23 条确立的网络服务提供者的连带责任扩大化，通过司法确立网络服务提供者的过失责任。其基本方法是，赋予网络服务提供者注意义务，在司法个案中认定网络服务提供者违反了预防网络用户侵害他人知识产权的注意义务，从而判决其承担连带责任。但是，已如上述，网络服务提供者注意义务论既缺乏合法性，也缺乏合理性，其对《侵权责任法》第 36 条第 3 款中的"知道"和《信息网络传播权保护条例》第 23 条中的"明知和应知"的解释，具有诸多缺陷，应当反思。

为了克服现行制定法和司法实践中的问题，我们应当构建一个更加合理的网络服务提供者间接侵害知识产权的责任制度，以适应网络知识产权侵权治理的需要。

第二章　网络服务提供者间接侵害
知识产权之责任制度构建

　　笔者在上一章结合我国现行法律，分析指出我国现有的网络服务提供者间接侵害知识产权的责任制度包括教唆侵权和帮助侵权责任制度。《侵权责任法》第9条规定了教唆侵权和帮助侵权制度；第36条针对网络服务提供者这一特殊主体规定了侵权责任规范，其中第2、3款是帮助侵权责任规范。根据传统的侵权法原理，教唆侵权责任和帮助侵权责任均以教唆人和帮助人的主观故意为要件，因此，第36条第2、3款的适用均应以网络服务提供者的主观故意为要件。但是，全国人大法工委编纂的有关著作认为，考虑到网络侵权现象的泛滥和"知道"要件证明的难度，可以将"知道"解释为"明知"和"应知"，将网络服务提供者过失帮助行为也纳入《侵权责任法》第36条的调整范围。❶ 最高人民法院法释〔2012〕20号文件亦采同样的意见，将网络服务提供者的过失帮助行为纳入《侵权责任法》第36条的调整范围。司法实践中，各地法院的惯常做法是将过失帮助行为纳入《侵权责任法》第36条的调整范围，认为网络

---

　　❶　全国人民代表大会常务委员会法制工作委员会编：《中华人民共和国侵权责任法释义》，法律出版社2010年版，第194～195页。

服务提供者的过错不仅包括故意，也包括过失，网络服务提供者应当知道网络用户的侵权行为而未采取阻止侵权措施的，违反了注意义务，具有过错，应当与实施直接侵权行为的网络用户承担连带责任。而且，法院在认定网络服务提供者的过错时，将网络服务提供者对网络用户的控制力、是否直接从网络用户的侵权行为中直接获得经济利益等美国法上替代责任的考量因素作为认定网络服务提供者是否具有过失的考量因素。

本书认为，我国现行法中的网络服务提供者教唆侵权责任和帮助侵权责任这种二元责任制度的规制范围有限，而司法实践中将过失帮助行为纳入《侵权责任法》第 36 条的调整范围，显然违反了传统侵权法中帮助侵权责任的基本原理，过度扩张了帮助侵权责任的调整范围，并不妥当。为了克服立法和司法中存在的问题，应当检讨并重构我国网络服务提供者间接侵害知识产权的责任制度。本章旨在论证教唆侵权责任、帮助侵权责任及替代责任构成的三元责任制度的合理性。

第一节　责任制度构建的基本原则

构建网络服务提供者间接侵害知识产权的责任制度，首先要考虑的问题是以什么价值和政策目标为导向，只有确定了价值导向，明确了政策目标，才能设计法律制度。

价值一词，有三种基本的含义，一是在经济学意义上使用的价值概念，意指商品的经济价值；二是在日常生活和某些社会科学中运用的价值概念，指客观事物的有用性；三是指哲学

意义上使用的价值概念，是就客体对主体的意义的概括。❶ 法律
上的价值，是指第三种含义。法律价值，首倡公平。法律制度，
是一种行为规范，是一种纠纷解决制度，是一种由国家强制力
保障的人际"游戏"规则。法律规范，若要得到社会公众的普
遍遵守，则应当体现公平的永恒价值。人类社会，亘古以来，
纠纷不断，若要裁断纠纷，便不得不秉持公平的精神进行裁决，
偏离公平原则，纠纷只会愈演愈烈。因此，设计法律制度，裁
断法律纠纷，首要的原则是公平正义。在网络服务业快速发展
和知识产权意识日益彰显的时代，网络服务提供者和知识产权
权利人的利益冲突日益增强，处理好网络服务业的发展和知识
产权保护之间的矛盾，首先要贯彻公平原则，要确保公平正义
在网络服务业和知识产权领域得到贯彻。

　　法律制度设计应当考虑的另一个重要价值是效率。缺乏效
率的法律，是"恶法"，无法给社会发展增加经济福利，不利于
社会进步和人类发展。经济效率，就是降低成本，增加产出。
一项符合经济效率原理的法律，应当以最小的成本促进社会的
良性运作，增进社会的经济福利。设计网络服务提供者的知识
产权间接侵权责任制度时，应当考虑经济效率，过多过严的责
任类型将制约网络服务业的发展，不利于互联网经济的快速
发展。

　　法律的利器是平衡之术。法律是一套纠纷解决机制，利益
平衡是法宝。在网络服务业领域，网络服务提供者的利益和知
识产权权利人的利益之间存在冲突。过于偏重保护网络服务提
供者的权益，就会损害知识产权权利人的利益，不利于知识产
权保护和产业转型；过于偏重保护知识产权权利人的利益，则

---

❶　卓泽渊：《法的价值论》，法律出版社 2006 年版，第 10~11 页。

会妨害网络服务业的正常发展，不利于互联网经济发展，损害国民福利。因此，二者之间应当保持适度平衡。设计网络服务提供者的知识产权间接侵权责任制度，应当贯彻利益平衡原则，确保网络服务提供者和知识产权权利人的利益都得到合理的关照。

综上，构建网络服务提供者间接侵权责任制度，应当贯彻公平、效率和利益平衡原则，下面予以阐述。

一、公平：不枉不纵的责任制度

公平在法律中具有无比的尊崇地位，其重要性无以复加，法律一直就被视为"良序和公平的艺术"，公平成为法律的同义语，法院也被称为"公平之宫"。[1] 法律是由国家强制力保障实施的行为规范和裁判规范。法律若要得到民众的普遍遵守，则法律本身必须是良善的，是公平的，不公平的法律，无人遵守。因此，法律范畴内的任何规则、准法律规则或法律之外的行为规范和裁判准则都应当以公平作为基本的价值依据和价值目标。[2] 我国《民法通则》第4条即规定了公平原则，一切民事活动均应当遵守公平原则，应当说，公平原则是我国民法上最重要的原则之一。

构建网络服务提供者责任制度，应当首先考虑的价值目标是公平，即应当确保构建的责任制度在网络知识产权侵权治理领域能最大限度地实现公平正义。公平，一方面意味着网络服务提供者应当享有正当发展网络服务业务的自由，不能因为知识产权保护的需要而给网络服务提供者施加过多的预防网络用

---

❶ [美] 彼得·斯坦、约翰·香德：《西方社会的法律价值》，王献平等译，中国人民公安大学出版社1990年版，第74页。

❷ 卓泽渊：《法的价值论》，法律出版社2006年版，第412~413页。

户的侵权行为的义务。另一方面，知识产权在互联网领域也应该得到应有的保护，不能因为网络服务业的发展而损害知识产权权利人的利益。因此，网络服务提供者承担的间接侵权责任既不能过重，从而妨碍网络服务业的正常发展，也不能过轻，从而损害知识产权权利人的利益。

美国法中的网络服务提供者责任包括引诱侵权责任、辅助侵权责任和替代责任（详见后述），应当说这套责任制度基本上是比较合理的。

在引诱侵权的场合，网络服务提供者故意引诱网络用户实施侵权行为，主观上有恶意，而且导致了他人知识产权受侵害的结果，承担责任是理所当然、公平合理的。

在辅助侵权的场合，网络服务提供者知道或者有理由知道网络用户侵害他人的知识产权，还为其提供网络服务（即实质性的帮助），主观上具有帮助侵权的故意，客观上促进了侵权损害结果的发生，承担责任也是公平合理的。但是，如果网络服务提供者不知道网络用户的侵权行为，让其为网络用户的侵权行为负责，则无异于让网络服务提供者承担预防侵权行为发生的一般性义务，这种责任制度安排就过分加重了网络服务提供者的义务和责任，有失公平。美国的辅助侵权责任基本类似于我国《侵权责任法》第 9 条及第 36 条第 2、3 款调整的帮助侵权责任。与美国司法实践做法不同的是，我国法院在解释和适用《侵权责任法》第 36 条第 3 款规定时，认为网络服务提供者违反了注意义务、具有过失（应当知道但事实上不知道网络用户的侵权行为）的，也要与网络用户承担连带责任。这一司法实践突破了帮助侵权责任以帮助人的主观故意为要件的主流观点和传统做法，过分加重了网络服务提供者的义务和责任，有失公平，值得检讨。

至于替代责任，由于网络服务提供者具有监控网络用户的侵权行为的权利和能力，又从该侵权行为中直接获得了经济利益，则由网络服务提供者代替网络用户承担责任，也是合理的、公平的。相反，如果网络服务提供者获得了经济利益却无须承担任何责任，则对知识产权权利人而言显然不公平。

在构建我国的网络服务提供者间接侵权责任制度时，美国法的经验值得我们借鉴。首先，教唆侵权责任应当包括在内，不言而喻；其次，帮助侵权责任也应当包括在内，但是帮助侵权责任应当回归其本来的法律含义，以帮助人具有帮助他人侵权的主观故意为要件；再次，为了公平对待网络服务提供者和知识产权权利人，也可以考虑构建替代责任类型，适当扩大网络服务提供者的责任范围。

二、效率：以最低成本实现最佳的网络治理效果

效率是经济学上的概念，是投入与产出或者成本与收益之间的关系。❶ 产出与投入的比率越高，则效率越高，反之，则效率越低。效率是经济学研究的核心概念，法学原本并不涉及效率问题。但是，自从法律经济学兴起之后，经济学中的成本、收益及效率等概念也被移入法律的分析之中，成为立法和司法活动中的价值考量因素。法律制度的设计、司法的运作都应当考虑成本和效益，成本高、效益低的法律制度无法适应经济社会发展的需要，成本低、效益高的法律制度才能促进经济社会的良性运作。因此，法律制度的设计，在坚持公平原则的同时，也应当贯彻效率原则，最大限度地降低法律制度的运作

---

❶ [美] 理查德·A·波斯纳著，蒋兆康译：《法律的经济分析》，中国大百科全书出版社 1997 年版，第 18 页；钱弘道：《经济分析法学》，法律出版社 2003 年版，第 178~179 页。

成本，提高法律制度的产出效率。唯有如此，法律制度才有生命力。

　　网络服务提供者间接侵害知识产权责任制度的设计，应当而且必须把效率作为一个价值目标予以考量。一个没有效率的制度安排，既会损害网络服务业的发展，也不利于知识产权的保护。基于效率原则，责任制度的设计，应当以最低的成本实现最佳的网络侵权治理目标。

　　如果我们把网络侵权治理的责任都压在网络服务提供者一方，那么网络服务提供者为了避免承担侵权责任，就只能减少网络服务的范围和内容，一些小的网络服务公司可能就会选择退出市场，而剩下的一些大公司为了减少侵权责任，就只能增加工作人员、技术措施，加强网络监控，由此导致经营成本上升，而上升的成本最终都会转嫁到消费者身上，导致消费者福利减少。而且，网络服务提供者毕竟不如知识产权权利人熟悉知识产权状况，面对网络上的各种信息，要做出是否属于侵权信息的判断，在多数情况下非常艰难。例如，对于网络上的作品是否属于侵权作品的判断，既涉及作品实质性近似的比对，又要考虑合理使用等因素，法官判断起来都比较难，要网络服务提供者作出正确判断并采取相应措施，则更加困难。从这个角度讲，让网络服务提供者承担查找、监控侵权信息的义务，效率低下，成本高昂。相反，如果我们把网络侵权治理的责任都压在知识产权权利人一方，网络服务提供者就会放纵知识产权侵害行为的发生，导致侵害行为泛滥；另一方面，知识产权权利人要针对每个侵权的网络用户进行维权，成本会非常高，效率会非常低。进一步而言，如果知识产权得不到尊重，则必然会损害社会公众的创新积极性，损害社会整体经济效率。因此，比较好的制度安排是让网络服务提供者和知识产权权利人一起合作，共同承担网络侵权治理的义务和责任。

美国 DMCA 中确立的重要规则是"通知与删除"规则，由版权人负责查找侵权信息并通知网络服务提供者，后者负责删除侵权信息，这种合作机制被认为是成本合算的。❶ 另外，在责任形态上，美国有引诱侵权责任、辅助侵权责任及替代责任三种形式，这种责任制度既不放纵网络服务提供者，也不过分限制正常的网络服务经营行为，是比较有效率的制度安排。

我们在构建责任形态、设计具体规则时，应当考虑网络服务提供者和知识产权权利人的权利义务分配，作出有效率的制度安排，过分偏向任何一方都可能损害整体经济效率。

三、利益平衡：兼顾知识产权权利人和网络服务提供者的利益

所谓利益平衡（Balance of interest），也称利益衡量，是指在相互冲突的权利和利益之间进行调和以达到利益的平衡，实现公平正义。❷ 利益平衡在法律解释学中运用较多，例如，梁慧星认为利益衡量论是在批判概念法学的基础上提出的法解释方法论。❸ 但是，除了司法层面，法律制度层面也有利益平衡。❹

---

❶ See Stacey Dogan, Principled Standards vs. Boundless Discretion: A Tale of Two Approaches to Intermediary Trademark Liability Online, Columbia Journal of law & The arts (2014), at 509.

❷ 冯晓青：《知识产权法利益平衡理论》，中国政法大学出版社 2006 年版，第 11~21 页。

❸ 梁慧星：《民法解释学》，中国政法大学出版社 1995 年版，第 318 页。

❹ 李旭东、段小兵："论民法中的利益衡量"，载《西南师范大学学报（人文社会科学版）》2005 年 11 月第 31 卷第 6 期。

利益平衡既是一项司法原则，也是一项立法原则。❶ 在立法过程中，面对相互冲突的利益和诉求，立法者应当合理平衡、兼顾各方的利益，努力达成利益的平衡。

我们在构建网络服务提供者间接侵权责任制度时，应当平衡好网络服务提供者和知识产权权利人之间的利益。网络服务业的发展和知识产权保护之间存在一定的张力。网络服务业越发达，服务模式越多，知识产权受侵害的可能性就越多。如果让网络服务业自由地不受限制地发展，则知识产权的保护会受到极大的挑战。相反，如果让知识产权在网络环境下得到最大限度的保护，则网络服务业的发展不可避免地要受到极大的影响。网络服务提供者和知识产权权利人之间存在利益的冲突和矛盾，这是构建网络服务提供者责任制度时不可回避的矛盾。

一方面，网络服务业的正常发展有利于经济社会的发展，广大网民也能从网络服务业的发展中获得消费者福利，因此，网络服务提供者的利益和网民的利益应该得到关照，不能为了加强知识产权保护而忽视了网络服务提供者和网民的利益。另一方面，知识产权是当今社会中的重要权利类型，在经济社会的发展中起到了重要的作用，保护知识产权，是确保我国的产业转型和创新驱动战略得以实施的重要措施。因此，网络环境下的知识产权应该得到应有的保护，知识产权权利人的利益应当受到正当的关照。在兼顾二者利益的目标驱动下，构建网络服务提供者责任制度，应当在网络服务提供者和知识产权权利人之间合理分配权利、义务和责任，不应当过分偏重任何一方。

---

❶ 冯晓青：《知识产权法利益平衡理论》，中国政法大学出版社 2006 年版，第 11 页。

第二节　责任制度构建的考量因素

责任制度构建的基本原则是宏观的理念，在微观层面，责任制度的构建应当考虑诸多因素，其中最重要的是网络服务业的发展、知识产权的保护和侵权制度的运行成本。

一、网络服务业的发展

根据中国互联网络信息中心 2016 年 1 月发布的《中国互联网络发展状况统计报告》，截至 2015 年 12 月，中国网民规模达6.88 亿，中国网站总数为 423 万个，中国企业使用互联网的比例为 89.0%，开展在线销售、在线采购的比例分别为 32.6% 和31.5%，利用互联网开展营销推广活动的比例为 33.8%。❶ 在当前互联网经济迅速发展的情况下，互联网服务深入各行各业，影响巨大。表 2-1 为上述报告记载的 2014~2015 年中国网民使用各类互联网服务的基本情况。

从表 2-1 可以看出，互联网用户规模非常庞大，互联网服务已经深入到各行各业。毫无疑问，互联网经济已经成为国民经济的重要组成部分，在目前的"互联网+"或者"+互联网"的战略驱动下，互联网的作用日益凸显，网络服务业占国民经济的比重越来越大。

---

❶　中国互联网络信息中心：《中国互联网络发展状况统计报告》（第 37 次）第1 页，访问地址：http://cnnic.cn/gywm/xwzx/rdxw/2015/201601/t20160122_ 53283. htm，访问时间 2016 年 3 月 1 日。

表 2-1 中国网民使用各类互联网服务情况

应用类别	2015 年		2014 年		全年增长率
	用户规模（万）	网民使用率	用户规模（万）	网民使用率	
即时通信	62 408	90.7%	58 776	90.6%	6.2%
搜索引擎	56 623	82.3%	52 223	80.5%	8.4%
网络新闻	56 440	82.0%	51 894	80.0%	8.8%
网络视频	50 391	73.2%	43 298	66.7%	16.4%
网络音乐	50 137	72.8%	47 807	73.7%	4.9%
网上支付	41 618	60.5%	30 431	46.9%	36.8%
网络购物	41 325	60.0%	36 142	55.7%	14.3%
网络游戏	39 148	56.9%	36 585	56.4%	7.0%
网上银行	33 639	48.9%	28 214	43.5%	19.2%
网络文学	29 674	43.1%	29 385	45.3%	1.0%
旅行预订	25 955	37.7%	22 173	34.2%	17.1%
电子邮件	25 847	37.6%	25 178	38.8%	2.7%
团购	18 022	26.2%	17 267	26.6%	4.4%
论坛/BBS	11 901	17.3%	12 908	19.9%	−7.8%
在线教育	11 014	16.0%	—	—	—

在这种经济社会背景下，构建网络服务提供者责任制度就必须从网络服务业的现状及未来发展趋势出发，适应网络服务业发展的需要，不能抑制网络服务业的发展进程，阻碍网络经济和经济社会的发展。基于此，网络服务提供者的责任不能过重，不能把网络环境下的知识产权侵权治理的义务和责任都压在网络服务提供者一方身上，否则网络服务业就会因过重的负担而被拖累甚至压垮。当然，网络服务提供者的责任也不应当

过轻。

首先，网络服务提供者教唆网络用户实施侵权行为的，应当承担教唆侵权责任，这是理所当然，这种责任并不会妨碍网络服务业的发展。

其次，网络服务提供者故意帮助网络用户实施侵权行为的，应当承担帮助侵权责任，这也是合理的。但是，如果网络服务提供者并没有故意实施帮助行为，而是在不知情的情况下为网络用户的侵权行为提供网络服务，则不应当承担帮助侵权责任，否则网络服务提供者就要负担监控网络并调查网络用户的侵权行为的义务，这种义务显然过重，必然会妨碍网络服务业的正常发展。

最后，除了上面提到的网络服务提供者故意教唆、帮助网络用户侵权应当承担责任的情形，对于非故意的其他情形，如果一概不追究责任，则可能会放纵网络服务提供者。因此，在一定情况下让网络服务提供者承担替代责任也是正当合理的。例如，网络服务提供者开展了一种业务模式，在这种模式下，网络服务提供者具有控制网络用户的侵权行为的权利和能力，也从网络用户的侵权行为中直接获得了经济利益，但又不存在故意教唆、帮助网络用户实施侵权行为的情形，如果完全放纵此种业务模式下的侵权行为，则对知识产权权利人极为不公。相反，让网络服务提供者承担替代责任是合适的。

二、知识产权的保护

知识产权在我国经济社会发展中发挥的作用越来越大，而且随着国家产业转型和创新驱动战略的实施，知识产权的作用将日渐凸显。在这种背景下，加强知识产权保护已经成为目前的共识。网络服务业的迅速发展，无疑加大了知识产权遭受侵害的风险。在网络环境下，由于知识产权权利人维权难度很大，网络用户又往往是匿名的，这种环境客观上助长了侵权行为。因此，我们要鼓励网络服务业的发展，也应当加大知识产权保护力度。

知识产权的保护也不是绝对的，不能认为只要发生了网络用户侵权的事实，就应当让网络服务提供者承担责任。如果这样，就相当于让网络服务提供者承担无限责任，显然不合理。任何一件新商品、新设施或新服务的出现，客观上都会增加侵权行为的发生概率。例如，新建一条马路，这条马路上可能会发生各种侵权事故，马路的建设行为无疑增加了社会上侵权行为发生的概率，但是，不能因此否定马路建设的社会经济意义。同理，网络服务业的发展，客观上也会增加知识产权侵权行为发生的概率，但不能因此否定网络服务业发展的社会经济意义。因此，既要保护知识产权，又要在合理的限度内提供保护，不能让网络服务提供者不受限制地为网络用户的行为负责。

为了对知识产权提供有效、合理的保护，应当构建一个集中型的防控机制，而不是分散型的防控机制，即应当以网络服务提供者为中心构建责任制度，而不能让知识产权权利人去追究一个个零散的网络用户的侵权责任。因此，知识产权权利人和网络服务提供者一起合作、共同治理网络侵权行为，是一个较好的选择，能较好地实现保护知识产权的政策目标。

三、侵权责任制度的运行成本

侵权责任制度是预防侵权事故并处理已经发生的侵权事故的一套法律制度。侵权事故的处理需要动用各种资源，消耗人力、物力和财力。诚如霍姆斯所言："我们的法律的总体原则是，意外所带来的损失，应该躺在原地不动（loss from accident must lie where it falls)。"❶ 事故的发生使社会蒙受了一次损失，事故的处理还需要付出另一笔成本，事故本身及事故的处理使社会整体上蒙受了两次损失。从经济学上讲，最有效的办法是"止损"，就是对事故不做处理，使其停留在原处。但是，事故的发生意味着一方当事人遭受了不公，受到了一次伤害，如果完全不作处理，则无异于让其再一次遭受伤害。一个正义的社会，绝不允许所有的事故都停留在原处，漠视遭受事故伤害的当事人的利益诉求。从公平正义的角度讲，对侵权事故应当做出处理，即应当让侵权方承担一定的侵权责任，以恢复受害人的利益。

一方面，基于经济效率原则，应当让侵权事故待在原地不动；另一方面，基于公平正义原则，应当对侵权事故进行处理，弥补受害人。法律上如何处理，是一个两难选择。折中的办法是构建一套具有内在激励机制的责任制度，该制度能够激励各方采取有效措施减少事故的发生，而在发生了事故之后又能以较小的成本处理侵权事故。侵权责任制度本质上具有经济性质，即通过责任的运用，将那些由于高交易成本造成的外部性内部化。❷ 简单地说，就是如何构建一套责任制度，使社会公众有效地预防侵权行为的发生，而在事故发生之后又能以较小的成本处理事故，从而使事故成本最小化。

网络服务提供者责任制度的构建，也应当考虑制度成本问题。随着网络服务行业的快速发展，网络环境下的知识产权侵权问题越发突出，网络侵权治理变得更加复杂。网络用户的侵

---

❶ ［美］霍姆斯著，冉昊、姚中秋译：《普通法》，中国政法大学出版社 2006 年版，第 82 页。

❷ ［美］罗伯特·考特、托马斯·尤伦著，史晋川、董雪兵等译：《法和经济学》，格致出版社 2012 年版，第 178 页。

权行为是零散的，是"游击战争"，如果知识产权权利人完全承担侵权治理的责任，去追究一个个网络用户的侵权责任，则维权成本会非常高，知识产权权利人无法承受，而且维权的效果也不可能好，网络用户的侵权行为会得到放纵。因此，这种侵权责任制度运行成本高昂，缺乏效率。这个极端不能走。相反，如果让网络服务提供者完全承担网络侵权治理的责任，为了避免对网络用户的侵权行为承担责任，网络服务提供者只好事先监控网络上的全部活动，并调查网络用户的侵权行为，然后采取阻止措施。在这种模式下，网络服务提供者承担的侵权治理成本会非常高，这可能导致两种结果。其一，网络服务提供者面对高昂的侵权治理费用，不得不放弃很多服务业务，从而导致网络服务业务萎缩的结果。其二，网络服务提供者选择将侵权治理成本转嫁给消费者——广大的网民，这将极大地损害消费者福利。无论网络服务提供者作何选择，结果都是不经济的，缺乏效率的。因此，这个极端也不能走。唯一的中间出路是建立知识产权权利人和网络服务提供者一起合作、共同治理知识产权侵权行为的法律机制。这是美国 DMCA 制定之前，美国国会反复调研、论证得出的结论，最终确立的规则是"通知与删除"规则，即由知识产权权利人调查网络用户的侵权行为并通知网络服务提供者，后者采取"删除""断开链接"等阻止侵权的措施。网络服务提供者如果违反这一规则，未采取"删除"措施，则要承担辅助侵权责任。《欧洲电子商务指令》也采取了这一治理模式。

　　美国 DMCA 确定的侵权治理合作机制的精髓在于：第一，知识产权权利人应当承担一部分侵权治理的任务，即调查网络用户的侵权行为并通知网络服务提供者，网络服务提供者不负担监控网络侵权行为的一般义务。第二，网络服务提供者也应当承担一部分侵权治理任务，即接到知识产权权利人的侵权通知后负责删除侵权信息；而且，网络服务提供者知道或者有理由知道网络用户的侵权行为的，应当主动采取删除侵权信息等阻止侵权的措施。

我们应当借鉴美国的网络侵权治理合作机制，在网络服务提供者和知识产权权利人利益之间采取一个平衡的态度。在责任形式的构建上，既不能过分缩小网络服务提供者的责任范围，也不能过分加大其责任范围。总体上，像美国一样，由教唆侵权责任、帮助侵权责任及替代责任构成的三元责任制度比较合适。

第三节　责任制度构建的域外经验

人类社会面临的问题是相同或相似的，解决问题的经验可以彼此借鉴。如果外国法律对某一问题提供了一个解决方案，我们不能仅仅因为这个方案是国外提出的就简单地予以拒绝。❶因此，法律的比较研究非常有价值。下面，笔者对美国和欧洲地区的网络服务提供者责任制度做一个考察和研究，为构建我国的网络服务提供者责任制度提供一个比较法的视角。

一、美国：网络服务提供者不负担一般审查义务前提下的三元责任

美国间接侵权责任源于普通法中的侵权行为法。根据普通侵权行为法，间接侵权责任最初包括两种类型，一为辅助侵权

---

❶ ［德］K·茨威格特、H·克茨著，潘汉典、米健、高鸿钧、贺卫方译：《比较法总论》，法律出版社 2003 年版，第 24～25 页。

责任，是指故意协助、诱使或者助长直接侵权行为所应承担的侵权责任；二为替代责任，是指雇主对雇员的侵权行为造成的损害应当承担的责任。

首先是辅助侵权责任。该责任可再作如下区分。

（1）协助或助长侵权责任（Liability for Aiding and Abettor Torts）。美国《侵权法重述第二版：条文部分》第 876 条（b）项规定：行为人应当对第三人实施的侵权行为给他人造成的损害承担赔偿责任，如果其知道该第三人的行为构成对义务的违反并且对该行为给予重大的协助。该项规定即为协助侵权责任的规定。

（2）引诱侵权责任（Liability for Inducing Torts）。美国《侵权法重述第二版：条文部分》第 877 条（a）项规定：行为人应当对第三人实施的侵权行为给他人造成的损害承担赔偿责任，如果其知道或有理由知道该行为构成侵权行为，而命令或引诱第三人实施该行为。该项规定即为引诱侵权责任规定。

（3）允许使用场所或设备的侵权责任（Liability for Permitting use of premises or instrumentalities）。美国《侵权法重述第二版：条文部分》第 877 条（c）项规定：行为人应当对第三人实施的侵权行为给他人造成的损害承担赔偿责任，如果其明知或有理由知道该第三人的行为构成侵权行为，却仍然允许该第三人在其土地上实施侵权行为或者利用其工具实施侵权行为。该项规定即为允许使用场所或设备的侵权责任规定。❶

其次是替代责任。根据美国《代理法重述第二版》第 219 条的规定，雇主应当为其雇员在执行业务的过程中实施的侵权

---

❶ 美国《侵权法重述第二版：条文部分》，美国法律研究院通过并颁布，许传玺、石宏、和育东译，法律出版社 2012 年版，第 379 页。

行为承担责任，但是雇主不应当为独立的合同缔约人的侵权行为承担责任。其大致的理由是：雇主对雇员有监督的权利和能力，而且从雇员的业务行为中获得了经济利益，因此应当对雇员在执行其业务的过程中造成的侵权损害承担责任；但是，雇主对于独立缔约人并没有监督的权利和能力，独立缔约人独立自主地完成雇主的任务，因此，雇主不应当对独立缔约人的侵权行为负责。❶

在知识产权领域，除专利法明文规定了间接侵权责任外❷，版权法和商标法中均未明文规定间接侵权责任，相关的间接侵权责任都源自于普通侵权行为法。❸ 历史上，版权、商标权和专利权间接侵权责任制度并没有统一的规则，而是各自独立发展，但发展的轨迹基本平行，而且三者之间互相借鉴，相关规则也大同小异。❹

在美国法律体系中，涉及网络服务提供者间接侵权责任的主要是版权领域，商标法领域也有一些司法案例。为了论述方便，下文主要论述网络服务提供者间接侵害版权的责任制度，另外也会涉及一些商标案例。

---

❶ ［美］小詹姆斯·A. 亨德森等著，王竹等译：《美国侵权法实体与程序》（第七版），北京大学出版社 2014 年版，第 136~137 页。

❷ 35 U. S. C § 271（b）and（c）.

❸ See, e. g., Ted Browne Music Co. v. Fowler, 290 F. 751, 754（2d Cir. 1923）（"Courts have long recognized that infringement of a copyright is a tort."）; Lawrence v. Dana, 15 F. Cas. 26, 1（C. C. D. Mass. 1869）（"［W］hoever invades［copyright］ ... commits a tort."）; John T. Cross, Contributory Infringement and Related Theories of Secondary Liability for Trademark Infringement, 80 IOWA L. REV. 101, 121（1994）.

❹ Charles W. Adams, Indirect Infringement From a tort Law Perspective, 42 U. Rich. L. Rev. 635 2007-2008, at 636.

（一）引诱侵权责任

在版权法领域，引诱侵权责任本来并不是一种独立的责任形式，而是从属于辅助侵权责任，但自从联邦最高法院就 Grokster 案作出判决后，一种观点认为引诱侵权责任从辅助侵权责任中独立出来，成为独立的责任形式。❶ 当然，另一种观点仍然认为引诱侵权责任是辅助侵权责任的一个子类型。❷

顾名思义，引诱侵权责任，是指被告故意引诱、指使第三人实施侵权行为而对第三人造成的侵权损害后果承担的责任。引诱侵权责任的成立应当具备三个要件：第一，被告实施了引诱行为；第二，第三人实施了直接侵权行为，造成了侵权损害后果；第三，引诱侵权行为和侵权损害后果之间具有因果关系。下面，笔者结合"Grokster 案"❸ 阐述引诱侵权责任规则。

该案中，Grokster 公司和 Stream Cast 公司发布了一个 P2P 软件，该软件后来被网络用户广泛用于传播侵害版权的音乐作品。因此，一大批版权人——包括电影公司、唱片公司、音乐出版商及歌曲作者等，针对上述两家公司提起诉讼，指控他们对网络用户利用该软件实施的侵权行为应当承担辅助侵权责任和替代责任。相关诉讼后来被合并为一个诉讼，一直上诉到联邦最高法院。该 P2P 软件被称为第二代 P2P 软件，未设置中央

---

❶　Charles W. Adams, Indirect Infringement From a tort Law Perspective, 42 U. Rich. L. Rev. 635 2007–2008, at 636; Thomas C. Folsom, Toward Non–neutral First Principles Of Private Law: Designing Secondary Liability Rules For New Technological Uses, 3 Akron Intell. Prop. J. 43 2009, at 56.

❷　See, e.g., Perfect 10, Inc. v. Amazon. com, Inc., 487 F. 3d 701, 726 (9th Cir. 2007) ("Liability ... may be predicated on actively encouraging (or inducing) infringement ... or on distributing a product distributees use to infringe ... ").

❸　See Metro–Goldwyn–Mayer Studios Inc. v. Grokster, Ltd 125 S. Ct. 2764 (2005).

服务器，而是由各软件用户的计算机上的"共享区"共享信息资料，并实现点对点的访问。Grokster 公司和 Stream Cast 公司并不对网络用户相互之间共享和访问信息资料施加任何控制或者影响，亦即两家公司对网络用户的侵权行为没有进行干涉。但是，在案证据显示，在两家被告公司的上述 P2P 软件网络中，存在大量的侵权性质的资料。两家被告公司提出抗辩，认为他们的软件是点对点的自由共享软件，没有中央服务器，他们无法具体获知网络用户的具体侵权行为，该软件具有"实质性非侵权用途"，他们仅仅发布了一个具有"实质性非侵权用途"的软件，根据 Sony 案❶确立的"实质性非侵权用途"规则，他们不应当承担责任。加利福尼亚联邦地区法院和第九巡回上诉法院都判决原告败诉，认为 Grokster 公司和 Stream Cast 公司的行为不构成辅助侵权行为。

应该说，Grokster 公司和 Stream Cast 公司的抗辩主张确实非常有力。Sony 案确立的规则是，在商业设备具有合法用途也具有非法用途的情况下，不能仅仅因为设备被他人用于实施非法行为，就认定设备销售商具有过错并要求其承担辅助侵权责任。否则，任何设备都可能被他人用于实施非法行为，设备的销售商都要面临承担辅助侵权责任的后果，这是不可思议的。Grokster 案和 Sony 案有一定的相似之处，Grokster 公司和 Stream Cast 公司提供的 P2P 软件具有"实质性非侵权用途"，因此，两家公司依据 Sony 案确立的规则提出抗辩。

但是，联邦最高法院没有支持被告的抗辩主张，而是从美国专利法中借鉴了引诱侵权规则❷，认为：如果行为人发布了一

---

❶　See Sony Corp. of Am. v. Universal City Studios, Inc., 464 U.S. 417, 442 (1984).

❷　35 U.S.C § 271 (c).

个设备，目的在于促进该设备在版权侵害活动中的使用，而且其目的通过其明显的言语表达或者其他促进侵权活动的实际行动得以显示出来，就应当为第三人利用该设备实施侵权行为产生的结果负责，不管设备是否具有合法的用途。联邦最高法院最终认定被告的行为构成引诱侵权行为。

　　Grokster 案确立了被告的主观意图在分析间接侵权责任中的关键地位。也就是说，如果被告制造、销售设备的意图就是引诱他人实施侵权行为，他人也实施了侵权行为，则被告要承担引诱侵权责任，而不管该设备是否具有"实质性非侵权用途"。两被告故意引诱网络用户实施侵权行为主要通过以下三个方面的证据体现出来：第一，Grokster 公司和 Stream Cast 公司努力获取前 Napster 公司❶的用户，抢占该公司留下的市场，其引诱侵权的意图通过其广告能够明显地体现出来。第二，两家公司的广告收入与网络用户对该 P2P 软件的高频度使用是高度关联的，也就是说，网络用户对 P2P 软件使用的次数越多，两家公司的广告收入就越多。由于软件上传输的大多数文件都是侵权性的，两家公司从侵权材料的大量传播活动中获得了客观的经济利益。第三，两家公司都没有阻止网络用户的侵权行为，没有开发过任何侵权过滤软件并用于过滤侵权材料。

　　该案确立的引诱侵权规则不是要宣布合法产品发布行为的死刑，而是对故意的引诱行为施加责任。联邦最高法院之所以作出了和一、二审法院不同的判决，是因为它认为本案与 Sony 案并不相同，Sony 案中无法证明设备制造销售商具有引诱侵权

---

　　❶　Napster 公司系第一代 P2P 软件的发布商，其软件用户多数都是实施知识产权侵权行为的用户，该公司在另案中被判决承担辅助侵权责任，参见 A&M Records, Inc. v. Napster, Inc., 114 F. Supp. 2d 896（N. D. Cal. 2000），*affid in part*，*rev'd in part*，239 F. 3d 1004（9th Cir. 2001）。

的意图，而本案中在案证据足以证明两被告引诱他人实施侵权行为的意图非常明显。因此，本案判决并不抵触 Sony 案确立的规则。

（二）辅助侵权责任

辅助侵权责任，是指当一个人故意（knowingly）为另一个人的侵权行为发挥了实质性的促进作用时，应当为该人造成的侵权损害后果承担责任。这一原则最初在 Gershwin 案❶中得到了清楚的阐述：如果一个被告知道他人在实施侵权行为，还引诱、指使或者实质性地帮助该人实施侵权行为，则应当承担辅助侵权责任。联邦最高法院对辅助侵权责任的确认，最早可以追溯至 1908 年，在 20 世纪 70 年代该原则得以完全确立起来。辅助侵权责任的成立有两个要件：一是"知道"要件，即被告知道他人的侵权行为，如果被告不知道他人的侵权行为，即使其对他人的侵权行为客观上提供了帮助，但由于其不知情，没有过错，因此不应当承担责任；二是"帮助"（contribution）要件，即被告知道他人的侵权行为后，还为他人的侵权行为提供实质性的帮助。

下面对辅助侵权责任的构成及认定进行阐述，然后结合一些重要案例，对相关规则做进一步的解释。

1. "知道"要件

一般认为，"知道"包括"实际知道"和"推定知道"。❷ 例

---

❶ See Gershwin Publ'g Corp. v. Columbia Artists Mgmt., 443 F. 2d 1159（2d Cir. 1971）.

❷ See Lital Helman, Pull Too Hard and the Rope May Break: On the Secondary Liability of Technology Providers for Copyright Infringement, Texas Intellectual Property Law Journal, Vol. 19, Issue 1（Summer 2010）, at 115.

如，Thomas C. Folsom 就明确认为，辅助侵权责任是过错责任，以辅助侵权人知道（至少是收到权利人的侵权通知或者有理由知道）他人实施的直接侵权行为为要件。❶ "实际知道"，由直接证据证明；"推定知道"，根据间接证据予以推定。❷ 被告实际上知道了第三人的直接侵权行为，还为其提供实质性帮助的，具有帮助其实施侵权行为的现实故意。被告被推定知道第三人的直接侵权行为，并且为其提供实质性帮助的，推定其具有帮助网络用户实施侵权行为的故意。因此，美国法中的辅助侵权责任本质上是一种故意侵权责任。

"推定知道"一般包括下列两类情形。

第一类是"有理由知道"。所谓"有理由知道"，是指只要被告获得了足以使人从中合理推断出侵权行为存在的信息，在法律上就视为已经"知道"了该侵权行为，法院不再需要考察被告主观上是否真正知道侵权行为，而是考察一般理性人在相同情况下是否会推断出侵权行为。❸ "有理由知道"通常可以采用 DMCA 第 512 条中的"红旗测试"规则予以认定，即从主、客观两个角度进行判断。如果被告主观上知悉明显构成侵权行为的事实或者情形，而且客观上一个正常的理性人基于该事实或者情形能够知道其中存在侵权行为，就可以推定被告知道第三人实施的直接侵权行为。

---

❶ Thomas C. Folsom, Toward Non – Neutral First Principles of Private Law: Designing Secondary Liability Rules For New Technological Uses, 3 Akron Intell. Prop. J. 43 2009, at 56.

❷ See Charles W. Adams, Indirect Infringement From a Tort Law Perspective, 42 U. Rich. L. Rev. 635 2007–2008, at 640.

❸ 参见美国 Restatement (Second) of Torts, chapter 1. § 12. 关于 "reason to know"。

第二类是故意视而不见（Willful Blindness）。在被告对第三人实施的直接侵权行为故意视而不见的情形下，可以推定其已知道该直接侵权行为。

2. "帮助"要件

关于"帮助"要件，现在一般认为提供在线的网络服务也构成"实际帮助"。因此，对于网络服务提供者，如果其知道网络用户的侵权行为，还为其侵权行为提供网络服务（实质性帮助），就要承担辅助侵权责任。❶

3. 网络服务提供者的行为标准及责任认定

网络服务提供者若要不承担辅助侵权责任，其应当遵循以下行为标准：一是恪守技术中立原则（Non-interference），二是没有可责性（Non-culpability），三是合理反应（Reasonableness of response）。❷

第一，"技术中立"原则。这一原则是为了寻求知识产权权利人和社会公众之间的利益平衡而确立。一方面，知识产权应当受到保护；另一方面，社会公众有从事合法商业活动的权利，可以利用具有"实质性非侵权用途"的产品或者服务。过渡的间接侵权责任制度会提升社会运作成本，妨害合法正当的商业活动。

第二，"无可责性"原则，亦即无过错。可责性的第一种形态是故意引诱，第二种形态是故意帮助，即在知道或有理由知

---

❶ Lital Helman, Pull Too Hard and the Rope May Break: On the Secondary Liability of Technology Providers for Copyright Infringement, Texas Intellectual Property Law Journal, Vol. 19, Issue 1 (Summer 2010), at. 115.

❷ Stacey Dogan, Principled Standards vs. Boundless Discretion: A Tale of Two Approaches to Intermediary Trademark Liability Online, Columbia Journal of law & The arts (2014), at 505-511.

道网络用户的侵权行为的情况下仍然提供实质性帮助。

第三，"合理反应"原则。即网络服务提供者在收到知识产权权利人的侵权通知后，要迅速反应，采取阻止侵权的措施，如果对网络用户的侵权行为视而不见，不遵循"通知与删除"规则，就要承担责任。

"技术中立"原则、"无可责性"原则及"合理反应"原则塑造了版权法和商标法领域的间接侵权责任制度。法院明确拒绝对网络服务提供者施加事先的预防网络用户侵权的义务。

在辅助侵权责任的认定上，以下几点非常重要：第一，"知道"要达到什么标准，辅助侵权责任才能成立？第二，"知道"应当如何认定？第三，网络服务提供者在阻止网络用户侵权这一问题上应当承担何种义务？法院在司法实践中就此达成了四点原则：第一，"知道"必须是具体的，而不能是抽象的，即网络服务提供者必须知道了网络用户的具体侵权行为，而不是抽象地知道其网络上可能存在侵权行为；第二，"知道"的认定方法有多种，不限于权利人的通知程序，在网络服务提供者意识到了明显是侵权行为的事实时也可以推定网络服务提供者知道该侵权行为，亦即可以采用"红旗测试"规则推定"知道"要件成立；第三，网络服务提供者不能对网络用户的侵权行为故意视而不见，采取鸵鸟政策，如果"故意视而不见"，则可以推定"知道"要件成立；第四，任何情况下，都不能要求网络服务提供者采取主动措施去监控或者查找网络用户的侵权行为，但是，在网络服务提供者知道或者有理由知道网络用户的侵权行为之后，应当立即采取阻止侵权的措施。❶

---

❶ Stacey Dogan, Principled Standards vs. Boundless Discretion: A Tale of Two Approaches to Intermediary Trademark Liability Online, Columbia Journal of law & The arts (2014), at 505-511.

关于网络服务提供者辅助侵权责任中"知道"要件的认定，有必要再强调一下。已如前述，"知道"包括"实际知道"和"推定知道"。"实际知道"，就是事实上知道，应当由直接证据证明。"推定知道"，则根据间接证据予以推定，主要包括"有理由知道"和"故意视而不见"情形下的推定知道。"有理由知道"采用"红旗测试"规则进行认定。根据美国国会报告，"红旗测试"规则需要满足主、客观两个条件：首先，网络服务提供者主观上意识到了涉嫌侵权的事实或情形，这是主观要件；其次，一个理性人在同等的情况下，根据该事实或情形能够作出涉嫌侵权行为构成侵权行为的判断，这是客观要件。❶ 这是根据主、客观要件推定网络服务提供者知道网络用户的侵权行为的司法认定方法。国内的研究者往往容易忽视"红旗测试"规则中的主观要件，这一点应当引起注意。还有的国内研究者甚至认为美国的"红旗标准"是违反注意义务的过失标准❷，这种理解并不恰当。美国的辅助侵权责任并不关注辅助侵权人是否违反了注意义务、具有过失，而是关注什么情况下可以认定辅助侵权人知道直接侵权人的侵权行为。美国的辅助侵权责任本质上是故意侵权责任，以辅助侵权人的主观故意为要件。❸ "红旗测试"规则是在无直接证据证明辅助侵权人知道直接侵权人的侵权行

---

❶ Rept. 105 - 190, at 44（1998），https://www.gpo.gov/fdsys/pkg/ CRPT - 105srpt190/pdf/ CRPT-105srpt190.pdf, H. Rept. 105-551, Part 2, at 53（1998），https://www.gpo.gov/fdsys/pkg/CRPT - 105hrpt551/ pdf/CR PT - 105hrpt5 - 51 - pt2.pdf, 2016 年 3 月 29 日访问。

❷ 孔祥俊：《网络著作权保护法律理念与裁判方法》，中国法制出版社 2015 年版，第 222~226 页。

❸ 李明德：《美国知识产权法》（第二版），法律出版社 2014 年版，第 102~110 页、389~392 页、603~608 页。

为的情况下，采用间接证据推定辅助侵权人知道直接侵权人的侵权行为的司法认定方法。辅助侵权人知道了直接侵权人的侵权行为，仍然提供辅助，显然就是故意实施辅助行为。因此，从根本上说，"红旗测试"规则是证明辅助侵权人主观故意的司法认定方法，与注意义务、过失没有关系。

4. 涉及辅助侵权责任的重要案例及规则

美国的辅助侵权责任制度史，就是一部判例法史，因此，为了清晰地展现辅助侵权责任的演进过程，几个重要的判决不得不提，下面分别予以介绍、评论。

（1）Sony 案。❶ 该案确立了"实质性非侵权用途"规则。该案的基本案情是：20 世纪 70 年代，日本索尼公司开始在美国销售一款新式的多功能录像机。电视观众通过该款录像机既可以录制正在播放中的电视节目，也可以一边观看电视节目一边录制另一个频道的电视节目，而且还可以通过定时器按照预先设定的时间自动录制某一指定频道的节目。美国环球电影制片公司和迪士尼制片公司针对索尼公司销售该款录像机的行为，向法院提起诉讼，认为电视观众使用该款录像机录制其电影的行为侵害了其相关版权，索尼公司制造和销售该款录像机的行为构成间接侵权行为。

索尼公司并没有直接实施侵权行为，如果要使索尼公司承担侵权责任，唯一依据就是"间接侵权责任"理论。就此，法院需要对两个问题作出认定：首先，电视观众在其家里使用上述录像机录制他人享有版权的电视节目的行为是否属于直接侵害他人版权的行为？其次，索尼公司是否应当就其制造和销售该款录像机的行为，为电视观众使用该款录像机录制电视节目

---

❶　See Sony Corp. of Am. v. Universal City Studios, Inc., 464 U. S. 417, 442 (1984).

的侵权行为承担"间接侵权责任"?

对于上述问题,加利福尼亚州中区联邦地区法院作为一审法院做出了全部否定的认定,而第九巡回上诉法院作为二审法院做出了全部肯定的认定。两家法院的认定完全相反,因此,索尼公司上诉至美国联邦最高法院。

关于第一个焦点,联邦最高法院的多数派法官认定,本案中消费者在家中改变时间观看电视节目的行为构成版权法上的合理使用,不属于侵害版权的行为。

关于第二个焦点,即索尼公司是否应当为电视观众使用上述录像机录电视节目的侵权行为承担"间接侵权责任",联邦最高法院的全体法官认为,索尼公司将录像机销售给消费者之后,既无权利也无能力监督和控制消费者的行为,因此,索尼公司不应当对消费者的后续侵权行为承担"替代责任"。但是,对于索尼公司制造和销售录像机的行为是否构成"辅助侵权行为"的问题上,大法官们的意见发生了分歧。多数派法官借用美国专利法中的"通用商品原则",首次在版权法领域提出了判断产品制造商和销售商是否承担"辅助侵权责任"的标准:如果制造商和销售商制造和销售的设备具有"实质性的非侵权用途"(即合法用途),即使制造商和销售商知道其设备有可能被他人用于实施加害行为,也不能仅仅因为制造和销售行为而推定制造商和销售商具有辅助他人实施加害行为的主观故意,并认定其制造和销售设备的行为构成辅助侵权行为。

该案确立的规则被称为"实质性非侵权用途"规则(亦称"Sony 通用商品规则"),即只要制造商制造并销售的产品具有"实质性非侵权用途",不能仅仅因为其制造并销售产品的行为而推定其具有辅助他人侵权的主观意图,并认定其制造销售产品的行为构成辅助侵权行为。

（2）Napster 案。❶ Napster 公司创立于 1999 年，该公司开发了一款基于 P2P 文件共享技术的软件（Napster）。计算机网络用户安装该 P2P 软件之后，就可以将其本地计算机中存储的文件进行共享，其他计算机网络用户无需登录主服务器，就可以直接访问。亦即，基于这种 P2P 软件模式，文件信息都存储在分散的计算机用户的本地计算机中，而不需要集中存储在Napster 公司的中央服务器。但是，Napster 公司仍然设置了一台计算机服务器，用于存储各地计算机用户共享的文件地址索引目录。计算机用户需要访问某一文件时，首先访问服务器，获得该文件的地址，然后再访问存储该文件的计算机并进行下载。简而言之，Napster 公司只提供了一个基于 P2P 技术的 Napster软件和一台文件地址索引服务器。文件的共享、下载均由不特定的计算机用户通过该软件进行。该软件大大方便了用户获取文件（包括版权作品），诞生不到一年每天便有上千万用户通过该软件共享 MP3 音乐文件，因此给美国音乐产业及唱片业协会造成了极大的惶恐。显然，用户这种未经版权人许可，擅自下载受版权保护的作品的行为构成直接侵权行为。1999 年 12 月，美国 A&M 唱片公司等十余家唱片公司联合向美国联邦地区法院提起诉讼，控告 Napster 公司的行为侵害了他们所享有的音乐作品版权。Napster 公司抗辩认为，所有的音乐文件均由分散的计算机用户共享，并不存储在该公司的服务器上，因此，公司的行为未构成侵权行为。一审法院裁定，Napster 公司的行为侵害了原告公司的版权，并下达了关闭 Napster 公司的预禁令。美国第九巡回上诉法院最终判决 Napster 公司承担"辅助侵权责任"

---

❶　See A&M Records, Inc. v. Napster, Inc., 114 F. Supp. 2d 896（N. D. Cal. 2000）；A&M Records, Inc. v. Napster, Inc., 239 F. 3d 1004 (9th Cir. 2001).

和"替代责任"。

该案的焦点是 Napster 公司是否应当承担辅助侵权责任和替代责任。关于辅助侵权责任，上诉法院认为：第一，辅助侵权责任的成立要求辅助侵权人知道或者有理由知道网络用户的直接侵权行为，在案证据既足以证明 Napster 公司实际知道网络用户的直接侵权行为，也足以推定其知道网络用户的直接侵权行为。❶ 第二，该公司提供的文件地址检索服务，极大地方便了用户的侵权行为。辅助侵权责任的两个要件都得到满足，因此，Napster 公司应当承担辅助侵权责任。❷ 关于替代责任，上诉法院认为：第一，Napster 公司在其网站上明确表示，保留按自己的判断结束提供服务和终结用户账户的权利，即表明其有权利且有能力控制用户的侵权行为；第二，有充分证据表明 Napster 公司的收入直接依赖用户数量的增长，而音乐文件的数量越多，用户便越多。因此，替代责任的两个要件也得到满足，据此，上诉法院认定 Napster 公司应当承担替代责任。❸

该案是第一代 P2P 技术模式下网络服务提供者是否应当承担知识产权间接侵权责任的典型案例，法院的判决具有重要意义。Napster 公司提供了一个具有"实质性非侵权用途"的 P2P 软件，供分散的计算机用户自行共享文件、交流信息。因此，该软件提供行为无可非议，基于 Sony 案确立的规则，软件提供行为本身不构成侵权行为。但是，Napster 公司设置了一台服务器，用于存储计算机用户共享文件的地址目录，并为计算机用户访问网络共享文件提供地址目录检索服务。首先，在案证据

---

❶ See A&M Records, Inc. v. Napster, Inc., 239 F. 3d 1004 (9th Cir. 2001), at 1020.

❷ Id. at 1022.

❸ Id. at 1022–1024.

既足以证明 Napster 公司实际知道网络用户的直接侵权行为，也足以推定其知道网络用户的直接侵权行为。其次，在知道用户侵权行为的情况下，Napster 公司还为用户实施侵权行为提供文件地址目录检索服务，此即实质性地帮助用户实施侵权行为。该案给我们的启发是，在新的网络服务业务模式下，网络服务提供者不能对网络用户的侵权行为故意视而不见，法院完全可以根据网络服务提供者故意视而不见的证据推定其知道网络用户的侵权行为。故意视而不见等同于"知道"，这是美国法上的经验，我们完全可以借鉴。

（3）Grokster 案。该案的案情在前面已经作了介绍，此处不赘。该案中，被告为了避免 Napster 公司的命运，对 P2P 技术架构进行了变革，废弃了用于存储计算机用户共享文件地址目录并提供地址检索服务的中央处理器，完全由计算机用户自行利用软件进行文件共享和下载。被告根据 Sony 案确立的规则——销售商提供具有"实质性非侵权用途"的商品的行为本身不具有可责性，不能仅因该商品提供行为而认定销售商具有过错并据此要求其承担辅助侵权责任，提出抗辩。

一、二审法院采纳了被告的抗辩意见，依据 Sony 案的规则认定被告提供软件的行为不构成辅助侵权行为。联邦最高法院则从专利法中借用了引诱侵权规则，认定被告具有引诱侵权的意图，又提供了能够用于侵权的软件产品，其行为构成引诱侵权行为，应当承担责任。

最高法院的判决厘清了人们对于 Sony 案的误读，清楚地阐述了引诱侵权规则：当有证据证明被告具有引诱侵权的意图时，Sony 案并不要求法院忽略这些证据，而是应当基于在案证据认定被告是否具有引诱侵权的主观意图，如果引诱侵权的主观意图能够得到证明，而被告提供的商品又被用于侵权用途，则被告不能以商品具有"实质性非侵权用途"进行抗辩。

该案在版权法领域具有重要意义，人们普遍认为该案清晰地阐述了版权法领域的引诱侵权规则，对于计算机软件和网络服务经营者而言，具有里程碑式的意义。自此，美国版权界很多人认为，引诱侵权责任从辅助侵权责任中独立出来，形成了单独的责任形式。❶

5. 涉及辅助侵权行为的商标案例

在商标法领域，也有一些重要的间接侵权案例。

（1）Inwood 案。❷ 商标间接侵权责任标准最早是由美国联邦最高法院在 1982 年判决的 Inwood Laboratories, Inc. V. Ives Laboratores, Inc. 案中确立的。在该案中，美国联邦最高法院对商标辅助侵权责任的归责标准进行了提炼，即生产商（或销售商）故意引诱他人去侵害一个商标，或者在生产商（或销售商）知道或者有理由知道他人正在从事商标侵权行为的情况下，仍然为其供应产品，则要承担辅助侵权责任。❸

该案确立的标准后来被先后适用于宿主服务❹，在线零售服务❺等网络服务。在涉及网络服务领域的商标间接侵权责任案件中，一方面，商标权人的商标利益应当得到保护，另一方面，

---

❶ See Charles W. Adams, Indirect Infringement from a Tort Law Perspective, 42 U. RICH. L. REv. 635, 637 n. 8 （2008）, at 636; Thomas C. Folsom, Toward Non – neutral First Principles Of Private Law: Designing Secondary Liability Rules For New Technological Uses, 3 Akron Intell. Prop. J. 43 2009, at 56.

❷ See Inwood Laboratories, Inc. V. Ives Laboratores, Inc. 456 U. S. 844 （1982）.

❸ Id, at 854.

❹ See Louis Vuitton Malletier, S. A. v. Akanoc Solutions, Inc., 658 F. 3d 936, 942 （9th Cir. 2001）.

❺ See Tiffany （NJ） Inc. v. eBay Inc., 600 F. 3d 93, 103–105 （2d Cir. 2010）.

社会公众有利用具有"非侵权实质性用途"的网络服务的权利，为了维护二者之间的利益平衡，法院针对网络服务提供者确立了商标辅助侵权制度。和传统普通法上的辅助侵权制度一样，网络服务提供者承担商标辅助侵权责任的标准是：网络服务提供者故意引诱网络用户侵害他人商标权的，或者网络服务提供者知道（实际知道）或有理由知道（司法上可被推定知道）网络用户侵害他人商标权的行为时，仍然为其提供网络服务等实质性帮助的，应当承担责任。知道的标准是具体的知道（specific knowledge），而不是概括的知道（general knowledge）。

（2）Tiffany 案。❶ 该案原告 Tiffany 公司是美国著名的珠宝商，其生产销售的珠宝饰品所标注的 Tiffany 商标是注册商标，具有很高的知名度。被告 eBay 公司是美国著名的网络拍卖公司（网址：www.ebay.com）。卖家和买家只要注册成为该网站的用户之后，就可以通过该网站在线买卖商品。商品的买卖在买家和卖家之间直接达成，eBay 公司只提供交易平台和交易服务，其自身不销售商品，也不占有、控制交易商品。因此，eBay 公司并不知道商品是何时以及如何被销售给买家的。eBay 公司的收益来自其向卖家收取的网络服务费。对于每一笔交易，eBay 公司都会收取商品交易价格 5.25% ~ 10% 的服务费；另外，eBay 公司还通过其支付系统（PayPal，该支付系统帮助买家实现交易）向买家收取一定费用。eBay 公司的网站上鱼龙混杂，存在不少假冒商品交易行为。对此，eBay 公司每年都花费高达 2000 万美元用于提升其网站上的"信任和安全度"，从 2002 年开始还开发了"欺诈搜索引擎"（Fraud engine），用于过滤侵权信

---

❶ Seee Tiffany（NJ）Inc. v. eBay, Inc., 576 F. Supp. 2d 463（S. D. N. Y. 2008）；TIFFANY（NJ）INC. v. eBAY INC. 600 F. 3d 93（2d Cir. 2010）.

息。而且，eBay 公司还实施了"权利人认证计划"（Verified Rights Owner Program）和"通知与删除"机制，由权利人将侵权信息通知 eBay 公司，该公司收到侵权通知后负责删除侵权信息。此外，eBay 公司网站还提供了"About Me"网页，供权利人在该网页上登载权利人的产品、知识产权和权利地位等信息，这些信息都可以帮助 eBay 公司治理网站上的非法交易行为。●

2004 年之前，原告 Tiffany 公司就已知道被告 eBay 公司的网站上有假冒 Tiffany 商标的商品销售。在提起诉讼之前，原告在 2004 年和 2005 年分别进行了名为"购买行动"的调查活动。在两次调查活动中，原告分别从被告 eBay 公司网站上购买了一系列标注 Tiffany 商标的商品，并对其中冒牌货的比例进行评估，结果发现其中分别有 73.1% 和 75.5% 的商品都是假冒 Tiffany 的商品。原告于 2004 年 6 月向美国纽约南部联邦地区法院（简称"一审法院"）提起诉讼，指控被告的网站上销售了成千上万的假冒 Tiffany 商标的银饰品，被告允许他人在其网站上销售假冒银饰品的行为构成间接侵权行为，应当承担商标间接侵权责任。❷ 原告认为，尽管销售行为是由被告的网络卖家实施的，然而被告知道其网站上存在侵权行为，有责任调查并控制非法交易行为，特别地，被告应当事先拒绝张贴提供五件以上 Tiffany 商品的待售商品信息列表。

被告 eBay 公司提出抗辩，认为应当由原告而不是被告监控 eBay 网站上的假冒商品并将假冒商品信息通知被告，只要被告收到涉嫌侵权的警告信息，都会立即移除侵权信息。

---

❶ See Tiffany (NJ) Inc. v. eBay, Inc., 576 F. Supp. 2d 463 (S. D. N. Y. 2008), at 475-479, 489-492.

❷ 原告 Tiffany 公司指控的理由有好多项，由于本书只讨论间接侵权责任问题，故此处略去其他指控理由。

　　eBay 公司的网站上存在不少非法交易行为，这一点毋庸置疑。显然，原告为了维护其 Tiffany 商标的声誉，希望消除 eBay 网站上的假冒商品销售行为。被告为了维护其 eBay 网站的声誉，保住网站上的生意，也希望清除 eBay 网站上的假冒商品销售行为。因此，双方主观上都不希望 eBay 网站上存在非法交易行为，都希望净化 eBay 网站上的交易环境。双方争议的关键在于，应当由谁承担监控网络交易活动并查找假冒 Tiffany 商品的责任。此案涉及辅助侵权责任是否适用于网络服务提供者、辅助侵权责任的认定标准、网络服务提供者在具体知道网络用户侵权行为之前是否有义务主动监控网络用户行为等问题。

　　一审法院认为：虽然联邦最高法院在 1982 年判决的 Inwood 案针对产品制造商、销售商施加帮助侵权责任，但该案确立的规则也可以适用于本案中的网络服务提供者。按照 Inwood 案确立的规则，网络销售平台服务者在以下两种情况下应当对他人利用其网站销售假货承担辅助侵权责任：一是网络服务提供者故意引诱第三人实施商标侵权行为；二是网络服务提供者在知道或有理由知道第三人的行为构成商标侵权行为的情况下仍向其提供网络服务。本案不存在第一种情形。一审法院对本案是否符合第二种情形作出了分析，认为根据 Inwood 案确立的规则，帮助侵权责任的主观标准是"知道"或者"有理由知道"，而不是"合理预测"标准（Reasonable Anticipation），即只有在 eBay 公司知道或者有理由知道卖家通过其网站销售假冒 Tiffany 的商品，还继续为其提供网络服务的，才应当承担辅助侵权责任。而"知道或者有理由知道"应当是具体的知道，即具体地知道侵权行为，而不是概括地知道网站上存在侵权行为。原告在本案中提交的证据无法证明 eBay 公司具体地知道其网站上的侵权行为，在此情况下，eBay 公司没有积极义务去阻止网络卖

家的侵权行为。据此，一审法院判决 eBay 公司不承担辅助侵权责任。❶

美国第二巡回上诉法院（简称"上诉法院"）总体上支持一审法院的判决，并就几个法律问题做出了阐述：第一，Inwood 案确立的规则适用于本案的网络服务提供者；第二，"概括的知道"不足以使被告承担治理侵权行为的积极义务，只有"具体的知道"才使被告负有删除侵权信息的积极义务；第三，虽然原告认为由其一天 24 小时、一年 365 天监控被告网站上的侵权行为，是一个极大的负担，但是，法院只能解释和适用法律，不能为了改变双方的成本利益关系而修改现有的法律；第四，如果被告有理由怀疑其网络卖家实施了侵权行为，那么它不能视而不见，故意不去调查核实，否则也要承担辅助侵权责任。❷

该案的裁判在美国具有深远的影响。不过，一、二审法院的判决并没有什么创新之处，而是继续沿袭以往的裁判规则。美国法院在商标权辅助侵权责任上的认定标准是一贯的，即除了引诱侵权外，网络服务提供者在知道或有理由知道网络用户的侵权行为之后还继续为其提供网络服务的，需要承担辅助侵权责任。"知道"是实际的知道，确定的知道。"有理由知道"是根据间接证据可以推定的"知道"。"知道"的认定标准是"具体的知道"，而不是"概括的知道"。也就是说，只有网络服务提供者被直接证据证明其具体地知道网络用户的侵权行为，或者被间接证据推定其具体地知道网络用户侵权行为，还继续为该网络用户的侵权行为提供网络服务（即实质性帮助）的，才应当承担辅助侵权责任。如果网络服务提供者只是概括地、

---

❶ See Tiffany（NJ）Inc. v. eBay, Inc., 576 F. Supp. 2d 463（S. D. N. Y. 2008）.

❷ See Tiffany（NJ）Inc. v. eBay, Inc. 600 F. 3d 93（2d Cir. 2010）.

笼统地知道其网络上存在侵权行为，但并不知道具体的侵权行为，它就没有义务去阻止网络上的侵权行为。这种归责认定标准，较好地平衡了知识产权权利人和网络服务提供者的利益关系。网络侵权的治理需要双方的合作，将治理责任压在任何一方身上，都会导致利益失衡。由于网络服务提供者不知道他人的知识产权权利状况，在很多情况下无法判断直接侵权行为是否成立。❶ 而知识产权权利人熟悉自己的权利状况，判断起来相对要容易，因此，由知识产权权利人负责监控、查找网络侵权行为并通知网络服务提供者，后者负责删除侵权信息，这种制度安排更加科学合理，更有效率。另一方面，网络服务提供者也不能对侵权行为视而不见，如果它有足够的理由怀疑某一信息是侵权信息，就应当进行核实、确认并采取相应的行动，否则就可以被推定知道具体的侵权行为，从而要承担责任。

美国法院在本案中的裁判，对于我国有积极的借鉴意义：第一，帮助侵权责任的主观要件标准是故意，网络服务提供者只有具体知道了网络用户的侵权行为还继续提供网络服务的，才具有帮助网络用户实施侵权行为的主观故意，才应当承担帮助侵权责任，在过失、未认识到网络用户的侵权行为的情况下，不应当承担帮助侵权责任。第二，"知道"可以是根据直接证据证明的"实际知道"，也可以是根据间接证据推定的"知道"。第三，当网络服务提供者有足够理由怀疑网络用户在实施侵权行为时，故意视而不见、不核实确认并采取相应措施，即可推

---

❶ 知识产权直接侵权行为的判断往往非常复杂，如在著作权领域，实质性相似、合理使用以及其他抗辩事由的判断，非常复杂；在商标权领域，商标近似、商品类似的比对，混淆可能性的认定，正当使用商标标志的抗辩等，都是复杂的问题；在专利权领域，由于技术方案的复杂性，判断难度更大。因此，由网络服务提供者判断直接侵权行为是否成立，难度太大。

定网络服务提供者知道网络用户的侵权行为，并要求其承担帮助侵权责任。

（三）替代责任

替代责任最初起源于劳动雇佣领域，即雇主对其雇员在执行职务过程中对第三人造成的侵权损害所承担的责任。这一责任是建立在代理关系理论基础上的。❶ 其正当性在于：第一，雇员受雇主指挥，雇主对雇员具有监督的权利和能力；第二，雇员为雇主工作，为雇主带来了经济利益。

替代责任的最初适用范围非常窄，但是，在 1963 年第二巡回上诉法院判决的 Shapiro 案件中，替代责任的范围被大大拓展了，被告只要满足两个条件就要承担替代责任：第一，被告对侵权行为人具有监督的权利和能力；第二，被告从侵权行为人的侵权行为中直接获得了经济利益。❷ 版权领域最明显的例子是，舞厅、夜总会等娱乐场所要对乐队的侵权行为承担替代责任。当乐队未经版权人的许可而演奏音乐时，只要舞厅、夜总会的经营者根据合同（或事实上）有权对乐队的表演活动进行控制，又从表演活动中直接获得了经济利益，即使其不知道乐队的表演是非法表演，也要为乐队的表演行为承担替代责任。❸

在网络服务领域，如果网络服务提供者对网络用户实施的知识产权侵权行为具有监督的权利和能力，又从该侵权行为中直接获得了经济利益，则应当承担替代责任。例如，在 Napster 案中，

---

❶ Thomas C. Folsom, Toward Non – neutral First Principles Of Private Law: Designing Secondary Liability Rules For New Technological Uses, 3 Akron Intell. Prop. J. 43 2009, at 63.

❷ Shapiro, Bernstein & Co., Inc. v. H. L. Green Co., Inc., 316 F. 2d 304 (2d Cir. 1963).

❸ Buck v. Jewell-LaSalle Realty Co., 283 U. S. 191.

美国第九巡回上诉法院认定：第一，Napster 公司在其网站上明确表示，保留按自己的判断结束提供服务和终结用户账户的权利，即表明其有权利且有能力控制用户的侵权行为；第二，有充分证据表明 Napster 公司的收入直接依赖用户数量的增长，而音乐文件的数量越多，用户便越多。因此，替代责任的两个要件都已得到满足，Napster 公司应当承担替代责任。❶

(四)"避风港"规则

美国 DMCA 中确立的"避风港"规则是美国国会调和版权权利人和网络服务提供者利益的产物。美国法院在常年的司法实践中逐渐确立了版权直接侵权和间接侵权的认定规则。版权的直接侵权行为实行严格责任原则，无论过错都要承担责任，过错只影响赔偿责任的大小。❷ 版权的间接侵权行为实行过错责任原则，只有在间接侵权人知晓某种行为构成侵权行为后还引诱、促成或实质性帮助直接侵权行为人实施该侵权行为的，才需要承担间接侵权责任。❸ 但是，在 DMCA 制定之前的若干年，针对版权领域出现的网络侵权这一新生事物，对网络服务提供者应当适用严格责任还是过错责任，各地法院出现了不同的裁判意见。有的法院认定网络服务提供者提供网络服务的行为构成直接侵权行为，适用严格责任原则；有的法院却认定网络服务提供者提供网络服务的行为属于间接侵权行为，适用过错责

---

❶ A&M Records, Inc. v. Napster, Inc., 239 F. 3d 1004 (9th Cir. 2001), at 1022-1024.

❷ 李明德：《美国知识产权法》（第二版），法律出版社 2014 年版，第 368~372 页。

❸ Gershwin Publishing Corp. v. Columbia Artists Management, Inc., 443 F. 2d 1159 (2d cir. 1971), at 1162.

任原则。例如，在"花花公子诉 Frena 案"❶ 中，被告设立了一个收费的 BBS，该 BBS 的用户未经许可上传了"花花公子"成人照片。"花花公子"起诉被告 Frena 直接侵害了其对照片享有的版权，被告则抗辩该照片是网络用户上传的。美国佛罗里达中区联邦地区法院没有采纳被告的抗辩意见，而是认为被告接触过原告的照片，且被告 BBS 上的涉案照片与原告的照片实质性相似，故认定被告直接侵害了原告对涉案照片享有的版权。但是，在"宗教技术中心诉 Netcom 在线通讯公司案"❷ 中（简称"Netcom 案"），一名牧师的布道被上传到了一个 BBS 上，该 BBS 是通过 Netcom 公司提供的网络接入服务连接到互联网上。宗教技术中心提起诉讼，认为 Netcom 公司应当承担侵权责任，其还提交上述 Frena 案的判决予以佐证。法院区分了直接侵权和间接侵权，并认为被告的系统只是被第三方用于制作复制件，被告并没有过错。这一判决区分了网络服务领域的直接侵权和间接侵权，具有重要意义。但是，Netcom 案的裁判意见并未得到一贯的遵循，法院的判决仍未统一。

对于网络用户实施的版权侵权行为，网络服务提供者究竟应当承担什么责任？是直接责任还是间接责任？是严格责任还是过错责任？这些问题以及由此引发的争议引起美国政府和国会的重视。20 世纪 90 年代，计算机技术和网络服务业快速发展，逐渐成为美国经济发展的新引擎。为了给网络服务业的健康发展提供稳定的法律规则，美国国会有意扫清制约网络服务业发展的障碍，在 DMCA 中明确规定了"避风港"规则，免除

---

❶ Playboy Enterprise, Inc. v. Frena, 839 F. Supp. 1552（M. D. Fla, 1993），at 1554.

❷ Religious Technology Center v. Netcom On‑Line Communication Services, 907 F. Supp. 1361（N. D. Cal. 1995），at 1366-1372.

网络服务提供者在一定条件下的版权侵权责任。

"避风港"规则的制定是有特定原因的。由于不同法院对于网络服务提供者到底应当负担直接侵权责任还是间接侵权责任存在分歧，国会出于实用主义的考虑，在 DMCA 第 512 条中直接规定一定的免责条件，只要网络服务提供者符合规定的条件，就可以免予金钱赔偿责任。因此，"避风港"规则的制定源于美国司法实践中存在认定网络服务提供者承担直接侵权责任的判决。对此，DMCA 立法报告中有明确的说明，即避风港条款"并不是为了规定服务商是否应当为其违反（或符合）责任限制条件而承担侵权责任。相反，只有在服务商的行为根据现行法律已经构成侵权的情况下，责任限制才会起作用"❶。

"避风港"规则的制定具有重大的意义，结束了同案不同判的局面，为网络服务业的健康发展确定了明确的法律规则，扫清了障碍。网络服务提供者依托"避风港"规则，不必无限制地承担责任，在满足一定条件时可进入"避风港"，免予金钱赔偿责任。

美国 DMCA 中针对四类网络服务提供者：数字网络传输服务、系统缓存、信息存储平台、信息定位工具，分别设立了"避风港"规则。其中，针对信息存储平台的"避风港"规则为：（A）（ⅰ）事实上不知道其系统或网络上的材料是侵权性材料或者利用该材料的行为是侵权行为；（ⅱ）在事实上不知道侵权行为的情况下，也不知悉明显构成侵权行为的事实或者情形；或者（ⅲ）在知道侵权行为或者知悉明显构成侵权行为的事实或情形之后，立即删除侵权材料或者断开访问侵权材料的链接通道；（B）在服务提供者有权利和能力监督侵权活动的情

---

❶ H. R. Conf. Rep. No. 105-796, at 72 (1998).

形下，该服务提供者没有从侵权活动中直接获得经济利益；（C）收到了权利人发出的侵权指控通知之后，立即删除被指控侵权的材料或者断开访问被指控侵权材料的链接通道。❶ 其中（A）项是辅助侵权责任的反面规定，满足（A）项规定的，不用承担辅助侵权责任。（B）项是替代责任的反面规定，满足（B）项规定的，不用承担替代责任。（C）项是"通知与删除"规则，接到版权人的侵权通知后立即断开链接通道，是信息存储平台享受"避风港"的一个条件。

首先，在满足法定的"避风港"（A）（B）（C）三项条件的情况下，信息存储平台的辅助侵权责任和替代责任都能够免除。也就是说，只要满足法定的"避风港"条件，信息存储平台就不需要承担任何责任，法院无需再根据间接侵权责任的归责标准确定信息存储平台是否承担责任。

其次，在（A）（ⅰ）规定中，"事实上不知道"是信息存储平台的免责抗辩事由，其反面是"事实上知道"，该事实要件应当由原告证明，通常情况下，这是难以举证证明的，除非被告自认知道或者权利人发出了明确的侵权指控通知。为了克服这一举证证明困境，DMCA又设立了（A）（ⅱ）项规定，该项规定是对间接侵权责任中"推定知道"要件的反面规定，被认为是"红旗测试"规则。根据该规则，信息存储平台并不需要监控其网络用户的行为，也不需要主动查找网络用户的侵权行为，但是当其认识到了明显构成侵权行为的事实或情形（即"红旗"），又不采取"删除"措施的，就应当承担责任。"红旗测试"规则需要满足主观条件和客观条件：首先，网络服务提供者主观上认识到了涉嫌侵权的事实或情形，这是主观要

---

❶ 17 U. S. C. § 512 (c) (1) (A) - (C).

件；其次，一个理性人在同等的情况下，根据该事实或情形足以作出涉嫌侵权行为构成侵权行为的判断，这是客观要件。❶

再次，关于"通知与删除"规则，网络服务提供者只对权利人的"通知"进行形式的审查，并不进行实质的审查，即不需要对权利人的侵权主张进行实质性的审查，只要权利人作出的"通知"符合法定的形式，网络服务提供者就应当采取"删除"措施，并将"通知"转发给被指控的直接侵权行为人。在网络服务提供者收到被控的直接侵权行为人发出的"反通知"后，除权利人向法院提起诉讼之情形外，应当采取"恢复"措施，并将"反通知"转递给权利人，权利人不得对此再次向网络服务提供者作出侵权"通知"。在这个程序中，网络服务提供者是一个完全中立的角色，只需对双方的"通知"和"反通知"进行形式的审查和转送，而不需要承担判断权利人的侵权主张是否成立的责任和风险。

最后，"避风港"规则是美国版权法 DMCA 创设的规则，其他知识产权制定法中并没有与此类似的"避风港"规则。在司法实践中，法院在商标权、专利权案件中一般不会类推适用 DMCA 中的"避风港"规则，而是根据普通法或者联邦制定法关于间接侵权责任的原则和规则去认定间接侵权责任是否成立。

(五) 美国法经验小结

总结美国法上的网络服务提供者间接侵权责任制度，有以下几点需要注意。

---

❶ S. REP. No. 105-190, at 44（1998）；H. R. REP. NO. 105-551, pt. 2, at 51（1998）.

第一，美国的网络服务提供者承担的知识产权间接侵权责任类型包括引诱侵权责任、辅助侵权责任及替代责任。而根据我国的法律规定，网络服务提供者承担的间接侵权责任类型只有教唆侵权责任和帮助侵权责任，与美国法相比，缺少替代责任这一类型。对于网络服务提供者具有监控网络用户的侵权行为的权利和能力又从其侵权行为中直接获得经济利益的情形，在我国目前的法律体系中无法归责，这就造成本来应当归责却无法归责的结果，对知识产权权利人是一种不公平。因此，美国法中的引诱侵权责任、辅助侵权责任和替代责任构成的三元责任制度是我们构建间接侵权责任制度时可以参考的一个法例。

第二，引诱侵权责任和辅助侵权责任都属于故意侵权责任，以网络服务提供者的主观故意为要件，过失无法构成辅助侵权责任。但是，如本书第一章所述，我国的一些论文将过失帮助行为也纳入帮助侵权责任调整的范围，一些司法文件（例如最高人民法院法释〔2012〕20号文件、京高法发〔2013〕23号文件）也将过失帮助行为纳入帮助侵权责任调整的范围，司法实践中则普遍将过失帮助行为纳入《侵权责任法》第36条第3款的调整范围，让网络服务提供者为此承担帮助侵权责任，这与美国法的辅助侵权责任大异其趣，是我们应当反思的一个问题。前文已述，帮助侵权行为以帮助人的主观故意为要件，主观上的过失不能构成帮助侵权行为。但是，我国为了强化网络环境下的知识产权侵权治理效果，将《侵权责任法》第36条第3款中的"知道"解释为包括"明知"和"应知"，并将"应知"与注意义务的违反亦即过失相对应，实际上是将过失帮助行为也纳入帮助侵权责任的调整范围，这种做法违反了法律概念体系的逻辑。美国法中的辅助侵权责任基本相当于我国的帮助侵权责任，在美国，无论是法院判决还是论文，在讨论辅助侵权责任时都强调"知道"包括"实际知道"和"推定知道"。"实际知道"与现实的故意相对应，"推定知道"与推定故意相对应。美国法中的这些经验值得我们借鉴和学习。

第三，美国的 Grokster 案是确定引诱侵权责任的一个很好的案型。自从联邦最高法院作出 Sony 案判决以来，实践中，一些经营者在推出一些产品或服务时，总会强调其产品或服务的"实质性非侵权用途"，意在借 Sony 案确立的"实质性非侵权用途"规则来否定间接侵权责任，Grokster 案中的被告亦如此抗辩。但是，美国联邦最高法院根据在案证据认定被告具有引诱侵权的意图，实施了引诱侵权行为。这一案例值得我们深入学习和借鉴。在我国的司法实践中，在一些涉及网络服务新业务模式的案件中，面对网络服务提供者的"实质性非侵权用途"抗辩，我们要特别注意其业务模式中是否嵌入了引诱侵权的因素，网络服务提供者在提供网络服务的过程中是否具有引诱侵权的意图和行为，如果在案证据足以证明，则可以认定其行为构成教唆侵权行为。

第四，在"通知与删除"规则中，网络服务提供者是一个完全中立的角色，只需要对权利人作出的侵权警告"通知"和被控直接侵权行为人作出的"反通知"进行形式上的审查和转送，而不需要承担侵权比对的责任和风险。这一规则大大减轻了网络服务提供者的责任负担。

二、欧盟：网络服务提供者不负担一般性的监督义务

(一)《欧洲电子商务指令》

为了适应网络服务业的快速发展，欧盟于 2000 年通过了

《欧洲电子商务指令》❶，其中第 12 ～ 14 条分别针对网络传输通道服务、系统缓存服务、宿主服务规定了"避风港"规则，即只要网络服务提供者满足一定的条件即可免予承担侵权损害赔偿责任。前述条款是美国 DMCA 第 512 条"避风港"规则在欧盟的翻版，区别在于欧盟《欧洲电子商务指令》的前述条款不仅适用于著作权，还适用于其他知识产权。

第 12 条是关于网络传输、接入服务提供者的免责条款，只要满足下述条件，服务提供者就可以免责：（a）不是首先进行传输的一方；（b）对传输的接受者不做选择；以及（c）对传输的信息不做选择或更改。

第 13 条是关于缓存服务提供者的免责条款，只要满足下述条件，服务提供者就可以免责：（a）提供者没有更改信息；（b）提供者遵守了获得信息的条件；（c）提供者遵守了更新信息的规则，该规则以一种被产业界广泛认可和使用的方式确定；（d）提供者不干预为获得有关信息使用的数据而对得到产业界广泛认可和使用的技术的合法使用；以及（e）提供者在得知处于原始传输来源的信息已在网络上被移除，或者获得该信息的途径已被阻止，或者法院或行政机关已下令进行上述移除或阻止获得的行为的事实后，迅速地移除或阻止他人获得其存储的信息。

第 14 条是关于宿主服务提供者❷的免责条款，只要满足下述条件，服务提供者就可以免责：（a）提供者对违法活动或违

---

❶ Directive 2000/31/EC of the European Parliament and of the Council of 8 June 2000 on Certain Legal Aspects of Information Society Services, in Particular Electronic Commerce, in the Internal Market, 2000 O. J. （L 178）1-16，即 2000 年 6 月 8 日欧洲议会及欧盟理事会关于共同体内部市场的信息社会服务，尤其是电子商务的若干法律方面的第 2000/31/EC 号指令。

❷ 宿主服务，即信息存储服务。

法信息不知情，并且就损害赔偿而言，提供者对显然存在违法活动或违法信息的事实或者情况毫不知情；或者（b）提供者一旦获得或者知晓相关信息，就马上移除了信息或者阻止他人获得此种信息。

上述"避风港"规则贯彻了"技术中立""服务中立"原则，只要网络服务提供者提供的技术服务、网络服务是中立的，没有参与、干预或影响网络用户的行为，网络服务提供者就不应当为网络用户的侵权行为承担责任。

根据上述三条的规定，网络服务提供者只要满足相关的条件，就可以免除赔偿责任。但是，前述条款同时附加了"不应当影响法院或行政机关根据成员国的法律制度，要求服务提供者终止或者预防侵权行为的可能性"的规定。亦即，虽然网络服务提供者在满足相应条件的情况下可以免除赔偿责任，但是，不影响成员国采取禁令措施或者要求网络服务提供者采取一定措施预防同样的侵权行为反复发生。欧盟国家的构成比较复杂，成员国的法律体系各不相同，《欧洲电子商务指令》只规定了免除赔偿条件的"避风港"规则，但是，成员国完全可以对网络服务提供者适用禁令，也可以根据案情责令网络服务提供者采取一定措施预防同样的侵权行为反复发生。

除了规定"避风港"规则外，《欧洲电子商务指令》第15条还规定，网络服务提供者不承担一般性的监督义务，即在服务提供者提供第12条、第13条以及第14条规定的服务时，成员国不应当要求服务提供者承担监督其传输和存储的信息的一般性义务，也不应当要求服务提供者承担主动收集表明违法活动的事实或情况的一般性义务。但是，成员国可以要求服务提供者承担立即向主管公共机构报告其服务接受者进行的非法行为或者提供的非法信息的义务，或者应主管当局的要求，向主管当局提供可以确定与其有存储协议的服务接受者的身份的信息的义务。这一点，在"鉴于"条款中亦有体现。根据"鉴于"条款之（47）和（48）的规定，虽然成员国不应当对服务提供者强加一般性的监督义务，但可以施加特殊情况下的监督义务，特别地，为发现和阻止一定类型的非法活动，成员国法律可以要求宿主服务提供者承担一定的合理注意义务。

（二）《欧洲知识产权执行指令》❶

《欧洲知识产权执行指令》是继《欧洲电子商务指令》之后欧盟层面又一个涉及网络服务提供者的重要法律文件。该指令"前言"第23项特别强调，如果网络服务提供者提供的网络服务被第三人用于侵害他人知识产权，则知识产权权利人应当有机会请求对该网络服务提供者实施禁令，禁止其对该第三人提供服务。指令第9条第1款规定，在申请人请求下，司法当局可发布"临时禁令"（Interlocutory Injunction），意在防止对知识产权的即发侵权（Imminent Infringement）或继续侵权（Continuing Infringement）行为。在后种情况下，知识产权权利人可获得侵权人支付的循环罚金（Recurring Penalty Payment）。第11条特别规定：当司法机构认定有侵害知识产权情况时，会员国应当确保司法机关得颁发禁令以防止侵权之持续。为了确保禁令得到遵守，在适当情形下，通过内国法之规定，可针对违反禁令的行为进行处罚。会员国亦应保证，在不损及2001/29/EC指令第8条第3项之规定的前提下，知识产权权利人有权对服务被第三人用于侵害知识产权之网络服务提供者请求颁发禁令。

但是，该指令第2条第3项第（a）款特别声明，该指令不

---

❶ Directive 2004/48/EC of the European Parliament and of the Council of 29 April 2004 on the enforcement of intellectual property rights, 2004 O. J. （L 157）45~86.

得影响欧盟先前所颁布的《欧洲电子商务指令》（2000/31/EC指令），特别是其中第 12~15 条关于网络服务提供者在特定电子商务中应当享受的"避风港"保护。应当说，这两个指令的规制重点不同。由于欧盟国家众多，法律体系各有差异，为了尽可能地保证欧盟层面的法律规则的确定性和可预期性，《欧洲电子商务指令》明确免除网络服务提供者在符合规定条件下的赔偿责任，亦即只要符合"避风港"条件，网络服务提供者就可以免除赔偿责任，任何国家都不能针对符合"避风港"条件的网络服务提供者施加赔偿责任。但是，《欧洲电子商务指令》并没有排除成员国针对网络服务提供者实施禁令的可能性。《欧洲知识产权执行指令》则进一步明确，知识产权权利人可以请求司法机关向网络服务提供者下达禁令，禁止其向实施侵权行为的网络用户继续提供服务，以防止侵权行为之继续。据此，虽然网络服务提供者不负担对其网络服务的一般监控义务，但是，如果法院下达禁令，则网络服务提供者负有针对特定的侵权网络用户的具体监控义务。

总结起来，欧盟领域的网络服务提供者责任制度有以下几点需要注意。

第一，根据欧盟层面的统一法律规则，网络服务提供者对其网站信息不负担一般性的监控义务。

第二，如果网络服务提供者提供的网络技术服务是中性的，且满足"避风港"的条件，就可以免除赔偿责任。

第三，虽然网络服务提供者在一定条件下可以免除赔偿责任，但成员国可以采取禁令措施，也可以要求网络服务提供者承担特定的监督义务。

第四，《欧洲电子商务指令》适用的对象可以是任何类型的知识产权，这一点明显区别于美国的 DMCA。与之相比，我国仅《信息网络传播权保护条例》详细规定了"避风港"规则，在商标法、专利法等其他知识产权法领域尚未明确规定针对网络服务提供者的"避风港"规则。

第五，《欧洲电子商务指令》只提供欧盟层面的一般性规则，至于网络服务提供者是否要承担间接侵权责任，仍需要根据各成员国自己的法律去判断。

三、德国：教唆或帮助侵权情形下的共同侵权责任

德国是欧盟的一员，当然要遵守《欧洲电子商务指令》（2000/31/EC 指令）和《欧洲知识产权执行指令》（2004/48/EC 指令）。在德国，规制网络服务提供者责任的国内法主要有《德国电信媒体法》和《德国民法典》，其中《德国电信媒体法》是适应德国科技、社会发展以及欧盟法律的需要而制定的法律。司法实践中，法院在解释及适用国内相关法律时不得违背《欧洲电子商务指令》和《欧洲知识产权执行指令》的精神。

（一）《德国电信媒体法》

为了适应《欧洲电子商务指令》和国内科技、社会发展的需要，2007 年 2 月 26 日，德国联邦议院颁布了《电子商务交易统一法案》，该法案第 1 条就是《电信媒体法》（即《德国电信媒体法》）。《德国电信媒体法》并不是目前德国规制互联网服务的唯一的法律，但却是最主要的一部法律。❶

根据《德国电信媒体法》的规定，网络服务提供者区分为以下几种类型。

---

❶ 韩赤风："互联网服务提供者的义务与责任——以《德国电信媒体法》为视角"，载《法学杂志》2014 年第 10 期。

（1）内容提供者，即自己提供信息给网络用户的提供者。

（2）网络接入服务提供者。只要网络接入服务是基础性的、中立的，根据第 8 条的规定，网络接入服务提供者无需为网络用户实施的侵权行为承担责任。

（3）宿主服务提供者。根据第 10 条的规定，如果服务提供者不知道其网络上的非法行为和信息，就无需为其网络上第三人提供并存储于其网络上的信息负责，并且，只要服务提供者没有意识到其网络上的非法行为非常明显的事实或情形，或者一旦获知就立即采取了删除或阻止访问的措施，就无需承担赔偿责任。网络服务提供者承担的责任仅限于故意侵权责任。[1] 原告要想指控网络服务提供者承担间接侵权责任，必须证明网络服务提供者知晓网络用户的侵权行为之后继续为其提供网络服务。

（二）《德国民法典》

《德国民法典》第 830 条第 2 款规定，"教唆人和帮助人视为共同行为人。"因此，教唆行为及帮助行为按共同侵权行为对待。此处的教唆行为和帮助行为，换一种表述，亦可称为间接侵权行为。Annette Kur 认为，在德国，如果网络服务提供者不知道网络用户的行为，严格意义上的间接侵权行为就不能成立。[2] 笔者认为，Annette Kur 所谓"严格意义上的间接侵权行为"，是指造成了侵权损害应当负损害赔偿责任的行为。"知道"要件表明，网络服务提供者只有故意实施了教唆、帮助行为的，

---

[1]　Thomas Hoeren, Liability for online sevices in Germany, German Law Journal Vol. 10 No. 05, at 567.

[2]　Annette Kur, Secondary Liability for Trademark Infringement on the Internet: The Situation in Germany and Throughout the EU, 37 COLUM. J. L. & ARTS 525（2014）, at 532.

才需要承担侵权责任，如果网络服务提供者不知道网络用户的侵权行为，就不满足过错要件，当然无需承担侵权损害赔偿责任。但是，根据《德国民法典》第 1004 条的规定，知识产权权利人享有"除去侵害和不作为请求权"，因此，无论间接侵权行为是否成立，即使网络服务提供者无意存储或传输了侵权物品，法院仍然可以对网络服务提供者颁发禁令。尽管德国应当遵守《欧洲电子商务指令》第 12~14 条规定的"避风港"规则以及《德国电信媒体法》关于"避风港"的有关规定，但是，"避风港"规则只适用于损害赔偿责任，而不适用于禁令救济。❶ 如果网络服务提供者被判决承担禁令责任，就意味着网络服务提供者在将来要承担监控某一特定侵权信息的义务。从这一意义上说，即使根据《欧洲电子商务指令》和《德国电信媒体法》的有关规定，网络服务提供者不承担一般性的网络监控义务（general duty），但是在特殊情况下仍有可能要承担具体的监控义务（specific duty），对此，《欧洲电子商务指令》"序言"（即"鉴于"条款）第（47）项也有明确的规定。

(三) 德国法经验小结

总结起来，德国法关于网络服务提供者的责任制度，有以下几点需要注意。

第一，根据《欧洲电子商务指令》和《德国电信媒体法》的有关规定，网络服务提供者在符合条件的情况下可以享受"避风港"待遇，无需为网络用户实施的直接侵权行为造成的损害承担赔偿责任。

第二，根据《德国民法典》第 830 条第 2 款规定，对于网

---

❶ Annette Kur, Secondary Liability for Trademark Infringement on the Internet: The Situation in Germany and Throughout the EU, 37 COLUM. J. L. & ARTS 525 (2014), at 533.

络服务提供者的教唆侵权行为和帮助侵权行为，按共同侵权行为处理。教唆侵权行为和帮助侵权行为以教唆人和帮助人的主观故意为要件。

第三，根据《欧洲电子商务指令》和《德国电信媒体法》的有关规定，网络服务提供者不承担一般性的网络监控义务，不需要主动查找网络用户的侵权行为。

第四，即使网络服务提供者的行为未构成教唆或帮助侵权行为，根据《德国民法典》第1004条的规定，知识产权权利人享有"除去侵害和不作为请求权"，法院仍然可以针对网络服务提供者颁发禁令，在此情况下，网络服务提供者要承担针对某一具体侵权用户或者具体侵权信息的监控义务。

四、英国：许可侵权责任和共同侵权责任

英国也发展出了一套间接侵权责任原则，主要是许可侵权责任（Authorization Liability）和共同侵权责任（Joint Tortfeasor Liability），网络服务提供者也适用这些责任形式。❶

在英国，对知识产权的侵权可以区分为直接侵权和间接侵权。网络服务提供者如果实施或者直接参与了未经许可的内容提供行为，就要负直接责任；即使没有直接参与内容提供行为，如果它授权第三人实施侵权行为，也要承担间接侵权责任，此种责任被称为许可侵权责任。

共同侵权责任类似于美国的辅助侵权责任，它规制为直接侵权行为起到帮助、引诱或者便利作用的行为。但是，共同侵权责任还有另一个要求，即要求共同行为人有实施侵权行为的

---

❶ Jerry Jie Hua, Establishing Certainty of Internet Service Provider Liability and Safe Harbor Regulation, 9 NTU L. Rev. 1 2014, at 18–21.

共同策划（common design），即共同行为人共同谋划、实施侵权行为。因此，从严格意义上说，共同侵权责任并不是间接侵权责任，而是直接侵权责任。

根据共同侵权责任原理，网络服务提供者和网络用户必须共同策划、实施了侵权行为，网络服务提供者才需要承担共同侵权责任，如果其仅仅向网络用户提供了网络服务，由于欠缺"共同策划"这一要件，因此，网络服务提供者无需为网络用户实施的侵权行为承担侵权责任。但是，根据许可侵权的规则，结果可能完全不一样。如果网络服务提供者知道或者有理由知道网络用户的侵权行为，也能控制该侵权行为，但没有采取任何合理的措施阻止该侵权行为，就应当承担许可侵权责任。因此，尽管共同侵权责任的规制范围较窄，但许可侵权责任弥补了这一缺陷，可以让网络服务提供者在一定情况下承担侵权责任。

英国法的经验告诉我们：第一，共同侵权责任需要"共同谋划"要件，只要网络服务提供者没有积极谋划参与侵权行为，就无需为网络用户实施的侵权行为负责。第二，许可侵权责任的成立要满足以下条件：网络服务提供者知道或者有理由知道网络用户的侵权行为，也能控制该等侵权行为，但没有采取任何合理的措施阻止网络用户的侵权行为。综上只要网络服务提供者恪守"技术中立""服务中立"的经营立场，在发现网络用户的侵权行为后及时采取阻止侵权的措施，就无需承担责任。因此，总体上讲，网络服务提供者的责任是相对较轻的。

第四节　责任制度构建的路径

一、责任的类型化构建

我国现有的间接侵权责任仅包括教唆侵权责任和帮助侵权责任，责任类型不够丰富。为了有效规制网络侵权行为，最高人民法院法释〔2012〕20 号文件拓展了帮助侵权责任的调整范围，将过失帮助行为也纳入帮助侵权责任的调整范围。司法实践中，法院认定网络服务提供者承担帮助侵权责任的逻辑，通常是论证网络服务提供者负有注意义务，然后论证其未采取阻止网络用户侵权的措施，未尽到注意义务，具有过错，应当承担帮助侵权责任。这种思路突破了我国传统帮助侵权责任的基本法理，也与美国、德国等帮助侵权责任的认定思路不符。最高人民法院的司法解释和司法实践的做法可能是不得已而为之，虽然基本能够治理网络侵权问题，但是存在如下缺陷：第一，将过失帮助行为纳入帮助侵权责任的调整范围，违背了帮助侵权责任以帮助人具有主观故意为要件的基本法理逻辑，正当性依据不足。第二，注意义务标准的设定及违反的判断，自由裁量权很大，容易造成同案不同判的情况。第三，注意义务的标准不容易确定，很难统一，缺乏可预期性，不利于确立稳定、明晰的法律规则，不利于网络服务业的发展。基于此，我们应当对最高人民法院法释〔2012〕20 号文件的规定和目前司法实践中的做法进行反思和调整，将过失帮助行为剔除出去，恢复《侵权责任法》第 36 条第 3 款调整范围的本来面目，即限于故意帮助行为。但是，这样调整之后，网络服务提供者的责任可能会偏轻，可能放纵网络服务提供者的一些并非"技术中立""服务中立"的经营行为，对于这些行为，应当考虑构建新的责任类型予以调整。为了克服上述问题，有必要重新构建我国网络服务提供者间接侵害知识产权的责任制度。

基于公平、效率和利益平衡原则，并充分考虑网络服务业发展和知识产权保护的需要以及侵权制度的实施成本，网络服务提供者间接侵害知识产权的责任形态应当包括教唆侵权责任、帮助侵权责任和替代责任。

第一种责任类型是教唆侵权责任。该责任是网络服务提供者故意教唆网络用户侵害他人知识产权而应当承担的责任。网络服务提供者通过特定的业务模式，以言语、推介技术支持、奖励积分等方式诱导、鼓励网络用户实施侵权行为的，应当承担教唆侵权责任。

第二种责任类型是帮助侵权责任。该责任是网络服务提供者故意帮助网络用户侵害他人知识产权而应当承担的责任。本书构建的帮助侵权责任，回归传统的帮助侵权责任法理，以帮助人的主观故意为要件。为了维护网络服务提供者的经营自由，过失的帮助行为不应当纳入帮助侵权责任的调整范围。也就是说，在网络服务提供者不知道网络用户的侵权行为的情况下，网络服务提供者不可能采取措施阻止网络用户的侵权行为，其提供网络服务的行为没有过错，除非符合替代责任的构成要件，否则不应当承担责任。如果要求网络服务提供者在过失的情况下也要为其提供网络服务的行为承担责任，无疑是要求网络服务提供者承担事先的调查和审核知识产权合法性的义务，这显然违背了国际上网络立法的通行规则——不得对网络服务提供者施加事先的调查和审核知识产权合法性的一般义务。

　　帮助侵权责任以帮助人具有主观故意为要件，因此《侵权责任法》第36条第3款规定的"知道"应当是实际知道或司法上可得推定的知道（即推定知道）。网络服务提供者实际知道网络用户的侵权行为还继续为其提供网络服务，使其侵权行为得以继续的，具有现实的主观故意，应当承担帮助侵权责任。根据间接证据足以推定网络服务提供者知道网络用户的侵权行为的，网络服务提供者具有推定的故意，其为网络用户实施侵权行为提供网络服务，使其侵权行为得以继续的，也应当承担帮助侵权责任。司法实践中需要重点关注的问题是如何认定"知道"要件成立，如何根据间接证据推定"知道"要件成立。

　　按照现行的司法实践，网络服务提供者在实际知道或者应当知道网络用户的侵权行为之后仍然为其提供网络服务的，均应当承担帮助侵权连带责任。其中，"应当知道"的含义是网络服务提供者负有注意义务且违反了注意义务，从而具有过失。亦即，网络服务提供者不仅要为其故意帮助行为承担责任，也要为其过失帮助行为承担责任。

　　本书不赞成将过失帮助行为纳入帮助侵权责任的调整范围。按照本书构建的帮助侵权责任制度，只有故意（包括有直接证据证明的故意和根据间接证据推定的故意）的帮助行为才需要承担帮助侵权责任，过失帮助行为不应当承担帮助侵权责任。因此，《侵权责任法》第36条第3款只调整故意帮助行为，不调整过失帮助行为。

　　将过失帮助行为排除出帮助侵权责任的调整范围，现行很多依据《侵权责任法》第36条第3款调整的行为，就不能继续适用该款规定予以调整了。这样可能会放纵网络侵权行为，导致网络侵权现象更加严重。因此，应当将既往依据《侵权责任法》第 36 条第 3 款调整的一部分过失帮助行为纳入替代责任的调整范围。

第三种责任类型是替代责任。该责任是网络服务提供者对其控制下的网络用户实施侵权行为造成的损害应当承担的赔偿责任。传统上，替代责任是为他人承担的责任，是一种转承责任，例如监护人对被监护人造成的侵权损害承担的责任，单位对其职工履行职务行为造成的侵权损害承担的赔偿责任。监护人承担替代责任的基本法理是，监护人对被监护人有正常监护的权利和义务，因此对被监护人侵害他人权益所造成的损害应当承担责任。单位对其职工履职行为造成的侵权损害承担替代责任的理由是，单位对职工的履职行为享有控制的权利和义务，有权利、有能力也有义务监控职工的履职活动，而且从职工的履职行为中获得了经济利益，实现了单位的职能或业务发展。

在网络服务领域的一些业务模式中，网络服务提供者对网络用户的侵权行为具有控制的权利和能力，也从网络用户的侵权行为中直接获取了经济利益，这实际上非常类似于雇主与雇员的关系。在美国法中，此种情形下，网络服务提供者要承担替代责任。替代责任的构成要件如下：一是网络服务提供者对网络用户的侵权行为具有控制的权利和能力；二是网络服务提供者从网络用户的侵权行为中直接获得了经济利益。

由于本书构建的帮助侵权责任仅限于调整故意帮助行为，会导致目前司法实践中一些表面上是过失帮助行为，实际上是网络服务提供者控制下的网络用户实施的侵权行为，无法纳入帮助侵权责任的调整范围。因此，本书主张构建替代责任类型，将前述案型纳入替代责任的调整范围。

本书主张构建教唆侵权责任、帮助侵权责任和替代责任组成的三元责任制度，三种责任类型各司其职，形成一个完整的责任制度。这一责任制度可以有效调整教唆侵权类型和故意帮助侵权类型，还可以调整网络服务提供者控制下的网络用户侵权行为，既能有效治理网络侵权行为，又能为网络服务业的正常发展确定行为边界，提供稳定的司法预期。

在这个责任制度下，网络服务经营行为的边界非常清晰，只要不是教唆侵权行为、故意帮助侵权行为，也不是对网络用户实施侵权行为具有控制能力且从其侵权行为中直接获得经济利益的情形，网络服务提供者就不需承担侵权责任。由于法律规则比较清晰，网络服务提供者能够很好地控制自己的经营行为和业务发展模式，网络服务业的发展也因此拥有良好的法律环境。另一方面，教唆侵权责任、帮助侵权责任以及替代责任，能将现实中的大部分不良网络经营行为纳入调整范围，从而有效地保护知识产权，较好地实现网络环境下的知识产权侵权治理目标。

二、责任的体系化构建

目前，我国调整网络服务提供者的知识产权间接侵权责任的法律，主要有两部：一为《侵权责任法》，二为《信息网络传播权保护条例》。依照文义，《侵权责任法》第9条和第36条第2、3款调整的客体包括所有的知识产权类型，如著作权、商标权和专利权等。但是由于第9条和第36条第2、3款的规定非常简单，对于网络环境下发生的间接侵害商标权和专利权的行为，前述条款的调整能力非常有限。在当前网络经济快速发展的时代，面对网络侵权日益严重的状况，有必要对现行法律规范进行体系化的重构。重构的路径有两种，分述如下：

第一种路径是，将《侵权责任法》第 9 条和第 36 条第 2、3 款和《信息网络传播权保护条例》的有关规定整合起来，构建单独的一章，和《侵权责任法》第五章"产品责任"、第六章"机动车交通事故责任"、第七章"医疗损害责任"等并列，命名为"网络服务提供者侵权责任"。在这一章中，专门规定网络服务提供者的侵权责任，包括直接侵权责任和间接侵权责任。间接侵权责任类型包括教唆侵权责任、帮助侵权责任和替代责任。除了规定责任类型外，还要规定"避风港"规则以及该规则下的"通知与删除"规则、"反通知与恢复"规则。然后，《著作权法》《商标法》和《专利法》等知识产权部门法可以结合本部门法的特点，对《侵权责任法》中"网络服务提供者侵权责任"的规则予以细化，形成一个以《侵权责任法》为主导和知识产权部门法为补充的完整体系。

第二种路径是，在《著作权法》《商标法》和《专利法》等部门法中分别规定"网络服务提供者的责任"。由于《侵权责任法》是侵权责任基本法，制定实施的时间不太长，短期内修订《侵权责任法》的可能性不大。在此情况下，采取第二条路径更为可行。

无论采取哪一个路径，目标都是要构建网络服务提供者间接侵害知识产权的责任制度，既有效治理网络环境下的知识产权间接侵权行为，也为网络服务业的正常发展提供稳定、清晰的法律规则。

本章小结

我国网络服务提供者间接侵害知识产权的现行责任制度在立法和司法层面均存在一定的问题，为了解决其问题，有必要对这一制度予以重构。我们应当遵循公平、效率及利益平衡的基本原则，综合考虑网络服务业的发展、知识产权的保护及侵权责任制度的实施成本等因素，在借鉴域外经验的基础上，重构我国的间接侵权责任制度。

总体而言，美国的间接侵权责任制度更加合理，既能有效地保护知识产权，又能保障网络服务业的正常发展。这也是美国网络服务业比较发达而欧洲网络服务业不够发达的一个制度原因。我们可以借鉴美国的责任制度，构建由教唆侵权责任、辅助侵权责任及替代责任构成的三元责任制度，三种责任类型各司其职，共同发挥网络环境下知识产权侵权行为治理的作用。首先，网络服务提供者对网络上发生的侵权行为不应当负担一般性的监督和审查义务，这是一个基本的前提。其次，网络服务提供者教唆或者故意帮助网络用户侵害他人知识产权的，应当承担教唆侵权责任和帮助侵权责任。帮助侵权责任只调整网络服务提供者的故意帮助行为，不调整过失帮助行为，以避免网络服务提供者承担过重的注意义务。再次，网络服务提供者有权利和能力监督和控制网络用户的侵权行为，也从该侵权行为中直接获得经济利益的，应当对网络用户的侵权行为承担替代责任。最后，网络服务提供者不能承担无限的责任，在满足一定的条件下应当享受"避风港"规则的保护。

第三章　网络服务提供者教唆网络用户侵害知识产权的责任

　　本书第一章检讨了我国现有的网络服务提供者间接侵害知识产权的责任制度，第二章论证了构建网络服务提供者教唆网络用户侵害知识产权的责任、网络服务提供者帮助网络用户侵害知识产权的责任以及网络服务提供者对网络用户侵害知识产权的行为承担替代责任的三元责任制度的合理性。从本章开始，本书将分别论述三种责任的法律构造和司法适用。

　　教唆侵权，很早就被纳入侵权治理的范畴。在互联网领域，网络服务提供者教唆网络用户实施侵权行为也是一种常见的侵权类型，由于网络环境下侵权行为的特殊性，网络服务提供者的教唆侵权行为也具有一些特殊性，本章对此予以研究。

第一节　教唆侵权责任的界定

　　教唆，既是刑法上的概念，也是民法上的概念。刑法上，教唆犯罪是指故意教唆、引诱、指使他人犯罪，而应当承担刑事责任的犯罪行为。教唆犯罪以故意为要件。[1] 民法上，关于教

---

[1]　张明楷：《刑法学》（第四版），法律出版社 2011 年版，第 379~384 页。

唆侵权行为的记载，可以一直追溯至罗马法时代。在查士丁尼所著的《法学总论——法学阶梯》中就有这样的记载，"不仅可以对实施侵权行为的人，例如殴打者提起侵害之诉，而且可以对恶意怂恿或唆使打人嘴巴的人提起侵害之诉。"❶

教唆侵权行为，是指故意教唆、引诱、指使他人实施侵权行为的间接侵权行为。具体而言，是指教唆人使用言语对他人进行开导、说服，或者通过刺激、利诱、怂恿等方法，促使被教唆人实施侵权行为。传统大陆法系的民法，一般将教唆侵权行为视为"共同侵权行为"。例如，《德国民法典》第 830 条第2 款规定，"教唆人和帮助人视为共同行为人。"《日本民法典》第 719 条第 2 款规定，"教唆行为人者及帮助行为人者看作共同行为人，适用前款规定。"《瑞士债务法》第 50 条规定，"如果数人共同造成损害，则不管是教唆者、主要侵权行为人或者辅助侵权行为人，均应当对受害人承担连带责任和单独责任。法院有权自由裁决责任人是否以及在多大程度上分担责任。教唆者的责任限于其获得的利益和由于其帮助造成的损失的范围。"我国台湾地区民法第 185 条第 2 款规定，"造意人及帮助人，视为共同行为人。"我国最高人民法院《关于贯彻执行〈中华人民共和国民法通则〉若干问题的意见》第 148 条第 1 款也规定，"教唆、帮助他人实施侵权行为的人，为共同侵权人，应当承担连带民事责任。"我国《侵权责任法》对教唆行为和帮助行为作出了单独规定，该法第 9 条规定，"教唆、帮助他人实施侵权行为的，应当与行为人承担连带责任。"

《侵权责任法》第 9 条将教唆侵权行为规定为单独的侵权形

---

❶　［古罗马］查士丁尼：《法学总论——法学阶梯》，张企泰译，商务印书馆1989 年版，第 203 页。

态，与该法第 8 条调整的狭义共同侵权行为相区别。第 8 条调整的狭义共同侵权行为，以行为人具有共同行为和共同过错为要件。狭义的共同侵权行为是行为人共同实施的侵权行为，所有行为人实施的行为累加起来构成整体的侵权行为，所有行为人的行为均是实行行为，均是整体侵权行为中不可分割的部分。教唆行为不是实行行为，而是引发实行行为的间接行为，并不是整体侵权行为的构成部分。

将教唆行为作为侵权行为对待，是法律政策选择的结果。由于教唆是引发侵权行为发生的原因，为了控制、减少直接侵权行为的数量，应当从根本上消除直接侵权行为发生的原因。另外，不惩罚教唆行为，也违背了公平正义的观念。因此，有必要将教唆行为作为侵权行为对待，令教唆人承担责任。

根据我国《侵权责任法》第 9 条的规定，"教唆、帮助他人实施侵权行为的，应当与行为人承担连带责任"，因此，教唆侵权责任是连带责任，受害人可以请求直接侵权行为人承担责任，也可以请求教唆人承担责任。

第二节　网络服务提供者教唆侵权责任的构成

教唆侵权责任的构成应当符合四个要件：一是网络用户实施了直接侵权行为，造成了损害后果；二是网络服务提供者实施了教唆行为；三是教唆行为与侵权损害后果之间具有因果关系；四是网络服务提供者具有教唆网络用户实施直接侵权行为的主观故意。

一、网络用户实施了直接侵权行为

网络用户实施了直接侵权行为，是指网络用户实施了受知识产权专有权控制的行为，造成了侵权损害后果。例如，网络用户未经许可实施了受我国《著作权法》第 10 条规定的 17 种权利控制范围的行为，且无法定抗辩事由，即构成对我国法定著作权的直接侵害。网络用户实施了知识产权直接侵权行为，是网络服务提供者承担教唆侵权责任的前提，如果直接侵权行为不成立，则教唆侵权责任不成立。这说明教唆侵权责任具有从属性，从属于直接侵权责任。这和刑法上的教唆犯有类似之处。刑法上，教唆犯的地位有独立地位说、从属地位说。张明楷主张从属地位说，认为必须有实行犯，才有教唆犯，教唆犯从属于实行犯。❶ 犯罪表现为对法益的现实侵害或侵害的现实危险性，如果没有犯罪实行行为，就没有现实的法益侵害，也没有侵害的现实危险性，单纯的教唆行为不足以产生法益侵害或者法益侵害的现实危险性的后果，因此，教唆行为具有从属性。同理，侵权法上，没有侵害知识产权的实行行为，即没有直接侵权行为，就不可能发生权益损害的后果，教唆侵权责任就不能成立。因此，司法中，应当首先判断知识产权直接侵权行为是否成立，只有知识产权直接侵权行为成立了，才需要去判断教唆行为及其他要件是否成立。

二、网络服务提供者实施了教唆行为

教唆行为，是指故意教唆、引诱、指使他人实施侵权行为的间接侵权行为，具体而言，是指教唆人使用言语对他人进行开导、说服，或者通过刺激、利诱、怂恿等方法，促使被教唆人实施侵权行为。

首先，在行为的形态上，教唆行为是积极主动的作为，是

---

❶　张明楷：《刑法学》（第四版），法律出版社 2011 年版，第 376~379 页。

一种主动引发他人侵权意图的行为,消极的不作为无法构成教唆行为。教唆行为的具体手段多种多样,如劝说、利诱、授意、怂恿、刺激、威胁等。❶ 有学者将教唆行为分为五类:煽动型教唆行为、诱骗型教唆行为、威胁型教唆行为、授意型教唆行为和劝说型教唆行为。❷ 教唆的形式,可以是书面、口头或其他形式,可以直接教唆或通过他人间接教唆,可以是一人教唆,也可以是多人共同教唆。

其次,教唆是一种故意引发他人侵权意图的行为。教唆一定是故意行为,而不能是过失行为。有一种观点认为,民法上教唆不以故意为必要,亦得有过失的教唆。❸ 本书认为,教唆的字义就包含了故意的要素,教唆是故意诱使、怂恿他人实施侵权行为的行为,只能是故意的行为。过失的教唆,实在无法想象。

在网络服务领域,网络服务提供者为了避免遭人指控,一般不会公然地教唆网络用户实施侵权行为,而是通过特定的业务模式,以言语、推介技术支持、奖励积分等方式诱导、鼓励网络用户实施侵权行为,以此实现自己的业务目的。为了制裁此种教唆行为,最高人民法院法释〔2012〕20 号文件第 7 条第 2 款明确规定:"网络服务提供者以言语、推介技术支持、奖励积分等方式诱导、鼓励网络用户实施侵害信息网络传播权行为的,人民法院应当认定其构成教唆侵权行为。"

司法实践中有不少网络服务提供者承担教唆侵权责任的案例。例如,在原告北京中文在线数字出版股份有限公司(简称

---

❶ 姬新江:"论教唆、帮助行为——以《侵权责任法》为视角",载《河北法学》2013 年 6 月第 31 卷第 6 期。

❷ 魏东:《教唆犯研究》,中国人民公安大学出版社 2002 年版,第 123 页。

❸ 史尚宽:《债法总论》,中国政法大学出版社 2000 年版,第 175 页。

"中文在线公司"）与被告北京智珠网络技术有限公司（简称"智珠网公司"）侵害作品信息网络传播权纠纷一案（简称"智珠网公司侵害信息网络传播权案"）❶中，中文在线公司获得了作品《后宫甄嬛传》在授权期限内的独家信息网络传播权。178 游戏网 Apple 粉丝站（网址为 http://iFan.178.com）下的 ePub 电子书区由智珠网公司运营。2010 年 2 月 1 日，ePub 电子书区"用手抓痒痒"发布了一篇名为"后宫甄嬛传/流潋紫著"的帖子，帖子上有该书的下载链接，帖子还对该书进行了介绍，上述内容位于帖子的首页；帖子左侧显示了"用手抓痒痒"声望 40、银币 59234、人气 1064 的内容；该帖子被设置为"取消高亮"，下载链接下方显示有"本帖最后由用手抓痒痒（4627964）于 2010-2-8　10：51 编辑"字样；以普通用户身份注册登录 ePub 电子书区后点击上述下载链接，能够直接下载到名为《后宫甄嬛传》的电子书文件。"用手抓痒痒"为 ePub 电子书区版主，拥有将 ePub 电子书区其他用户所发帖子进行提升置顶、删除、编辑整理、添加"高亮"设置的权限，并发布有涉及"版规"的帖子。版规规定"发布资源有奖励，发布多部小说加亮、加钱"，并且专门针对版主有"本版置顶主题加高亮规则"，而论坛回复或者发布资源将会获得"银币"奖励。

　　智珠网公司对版主申请的考核会给予一个月左右的期限，相关版主的招募最终确认由该公司完成并授予版主较高级别的会员权限用于帖子管理，该公司会备案版主邮箱等注册信息，但不会备案身份证信息，亦不向版主支付经济报酬。

　　北京市朝阳区人民法院认为：本案中的版主"用手抓痒痒"以论坛发帖的形式，非法向公众提供了涉案作品《后宫甄嬛传》

---

❶　参见北京市朝阳区人民法院（2013）朝民初字第 8854 号民事判决书。

部分内容的在线下载服务。而智珠网公司为涉案 ePub 电子书区的经营者，其提供的论坛服务本质上属于信息存储空间服务。版主"用手抓痒痒"将涉案侵权内容发布于帖子的首页，并对涉案载有侵权内容的帖子进行了"取消高亮"和编辑等推介行为，其行使了相应的版主权利，而相应的版主权利为智珠网公司经过审查后授予的；另外，智珠网公司经营的涉案 ePub 电子书区版规中规定有奖励发布资源者的内容，并且论坛回复或者发布资源将会获得"银币"奖励。上述给予版主相应的权利以及提供资源奖励的方式实质上会诱导、鼓励网络用户实施侵害信息网络传播权的行为。因此，智珠网公司对涉案侵权行为的发生存在过错，已经构成教唆侵权，应当承担停止侵权、赔偿损失的民事责任。

法院的裁判逻辑无疑是正确的。智珠网公司经营的涉案 ePub 电子书区版规规定，"发布资源有奖励，发布多部小说加亮、加钱"，而且论坛回复或者发布资源将会获得"银币"奖励。这显然是采取奖励的方式鼓励网络用户发布作品资源，网络用户发布的作品资源越多，奖励越多。一般情况下，网络用户不大可能将自己享有版权的电子书上传到网络平台上免费共享，这是生活常识，上传到网络平台上的电子书通常都是侵权作品。智珠网公司当然知道这种生活常识，但其仍然采取这种奖励的方式，吸引网络用户上传侵权作品，这无疑构成了最高人民法院法释〔2012〕20 号文件第 7 条第 2 款明确规定的"以言语、推介技术支持、奖励积分等方式诱导、鼓励网络用户实施侵权行为"的情形，应当承担教唆侵权责任。

三、教唆行为与侵权损害后果之间具有因果关系

为了确定侵权责任的边界，确保人的行为自由，不能无限

制地追究行为人的责任，只有与损害之间具有因果关系的行为才应当被课予责任。"无论是从单个侵权行为人的利益出发，还是为了自身生存的愿望，侵权行为法都必须将那些过于遥远的损害从其体系中排除出去。"❶ 如何将那些过于"遥远"的损害从侵权责任体系中排除出去？这一问题要求我们合理确定因果关系。

从哲学上说，任何事物或现象都是由其他事物或现象引起的，事物、现象之间的引起和被引起的关系就是因果关系。❷ 一种现象引起了另一种现象的，我们称前一现象为原因，后一现象为结果。法律上的因果关系，是指损害结果与造成损害的原因之间的关联性，它是各种法律责任中确定责任归属的基础。❸

教唆行为与侵权损害后果之间具有因果关系，是教唆侵权责任的成立要件，如果二者之间欠缺因果关系，则教唆侵权责任不能成立。教唆行为对侵权损害的发生具有事实上的促进作用，是侵权损害结果发生的一个原因，是教唆人承担责任的前提要件，如果教唆行为与侵权损害之间欠缺因果关系，则教唆人当然不必承担责任。

教唆行为与侵权损害后果之间的因果关系，还具有一定的特殊性，不同于直接侵权行为与侵权损害后果之间的因果关系。第一，前者是一种间接的因果关系，后者是一种直接的因果关系。前者的间接性表现在，教唆行为并没有直接导致侵权

---

❶ ［德］克雷斯蒂安·冯·巴尔：《欧洲侵权行为法》（下卷），焦美华译，张新宝审校，法律出版社2001年版，第1页。

❷ 吴倬：《马克思主义哲学导论》，当代中国出版社2002年版，第137页。

❸ 王利明：《侵权责任法研究》（上卷），中国人民大学出版社2010年版，第372~373页。

损害后果，而是引发直接侵权行为并通过后者导致侵权损害后果。第二，教唆行为并不是侵权损害后果的充分条件，仅有教唆行为，不足以发生侵权损害后果。虽然教唆行为与侵权损害后果之间的因果关系具有间接性，但二者的"距离"非但不远，而且非常近，教唆行为对于侵权损害后果的发生具有相当重要的作用，没有教唆行为，很可能就不会发生直接侵权行为，也就不会有侵权损害后果，因此，让教唆人承担责任是合理的。

四、网络服务提供者具有教唆网络用户实施直接侵权行为的主观故意

德国学者耶林指出："使人负损害赔偿的，不是因为有损害，而是因为有过失，其道理就如同化学上之原则，使蜡烛燃烧的，不是光，而是氧，一般的浅显明白。"❶ 此言精辟地指出了过错在侵权责任归责中的地位。让被控侵权人承担责任的，不是因为有损害，而是因为他有过错。要追究教唆人的责任，应当以教唆人存在主观过错为前提，而且其主观过错的形式只能是故意，不包括过失。

故意的认定可以由证据来证明，也可以根据证据推定。一般而言，只要教唆行为成立，就足以从该行为中推导出教唆人的故意，因为所有的教唆行为都是故意的，根本不存在过失的教唆行为。例如，在前述智珠网公司侵害信息网络传播权案中，智珠网公司经营的涉案 ePub 电子书区版规规定，"发布资源有奖励，发布多部小说加亮、加钱"，而且论坛回复或者发布资源

---

❶ 王泽鉴：《民法学说与判例研究》（第二册），北京大学出版社 2009 年版，第 106 页。

将会获得"银币"奖励。一般情况下，网络用户不大可能将自己享有版权的电子书上传到网络平台上免费共享，这是生活常识，上传到网络平台上的电子书通常都是侵权作品。智珠网公司的这项规定，显然是采取奖励的方式鼓励网络用户发布侵权作品资源，网络用户发布的作品资源越多，奖励越多。从该版规中足以推定，智珠网公司具有教唆、引诱的故意。

应当讨论的问题是，教唆的故意必须是具体的，抑或可以是概括的？一般情况下，教唆应当是具体的。但是，对于概括的教唆行为，一概不予惩处，则会放纵教唆行为，造成不公。特别是在网络服务领域，网络服务提供者一般不会具体地教唆网络用户去实施某个具体的侵权行为，而是笼统地、概括地教唆、引诱网络用户，如果对此不作为教唆行为处理，显然是极大的不公。因此，无论是具体的教唆，还是概括的教唆，只要足以引发直接侵权行为，就应当作为教唆行为处理。例如，在前述智珠网公司侵害信息网络传播权案中，智珠网公司经营的涉案 ePub 电子书区版规规定，"发布资源有奖励，发布多部小说加亮、加钱"，而且论坛回复或者发布资源将会获得"银币"奖励。这种引诱性的教唆，显然不是针对某个网络用户的具体教唆，而是针对所有网络用户的概括教唆。如果不处理此种教唆行为，则无疑会导致网络上侵权行为泛滥却无法追究网络服务提供者责任的结果，这显然是不合理的。因此，从网络治理的角度讲，只要网络服务提供者实施了教唆、引诱行为，不管是具体的教唆、引诱，还是概括的教唆、引诱，都应当认定为教唆行为，追究其责任。

本章小结

　　教唆侵权行为，是指故意教唆、引诱、指使他人实施侵权行为的间接侵权行为。网络服务提供者承担教唆侵权责任，须满足四个要件：一是网络用户实施了直接侵权行为，造成了损害后果；二是网络服务提供者实施了教唆行为；三是教唆行为与侵权损害后果之间具有因果关系；四是网络服务提供者具有教唆网络用户实施直接侵权行为的主观故意。

　　实践中，教唆行为具有多样性，特别是在网络环境下，网络服务提供者在一些新的网络服务业务模式中实施的教唆、引诱行为，具有隐蔽性。根据最高人民法院法释〔2012〕20号文件第7条第2款的规定，"以言语、推介技术支持、奖励积分等方式"诱导、鼓励网络用户实施侵权行为的，都构成教唆行为，司法实践中应当正确甄别。

第四章 网络服务提供者帮助网络用户侵害知识产权的责任

本章首先对帮助侵权责任进行界定，接下来对帮助侵权责任的构成要件进行论述，最后对帮助侵权责任司法认定中的问题进行检讨和反思，并对《侵权责任法》第 36 条第 3 款规定中"知道"的解释提出意见。

第一节 帮助侵权责任的界定

帮助侵权行为，是指故意为他人实施侵权行为提供物质技术条件或精神、心理支持等帮助的行为。帮助既可以是物质性的，如提供侵权工具、便利条件等，也可以是精神性的，如鼓励、呐喊、助威等，其本质是对他人实施侵权行为起到促进作用。帮助侵权行为的成立包括主、客观要件。客观上，帮助人为直接侵权人的侵权行为提供了帮助，起到了促进作用，这点不存在争议。但是，帮助侵权行为的主观要件是什么？只有故意才能构成还是过失也可以构成帮助侵权行为？一种观点认为，只有帮助人在故意的心理状态下为他人实施侵权行为提供帮助的，才能成立帮助侵权行为，过失无法构成。❶ 另一种观点认为，帮助侵权行为在特殊情况下也可以是过失帮助侵权行为。❷ 本书赞同前一种观点。帮助人没有实施直接加害行为，不是直接侵权行为人，传统民法将帮助人视为共同侵权人，❸ 令其与直接加害人承担连带责任，是基于法律政策的考量作出的法律拟制。因为不制裁帮助人的故意帮助行为，违背了社会正义观念，明显不合理，法律责难的是帮助人的故意行为。因此，只有帮助人认识到他人准备实施或正在实施侵权行为而为其提供帮助的，即在故意的心理状态下实施帮助行为，才能与直接侵权人承担连带责任。在过失状态，即不知道他人的侵权行为的情况下，自然不能成立帮助侵权行为。例如，甲有一把菜刀，当甲明知第三人正在实施侵权行为，仍然为其提供菜刀作为侵权工具之用，则甲的行为构成帮助侵权行为，要承担帮助侵权责任。但是，在甲不知情的情况下，第三人拿了甲的菜刀去实施侵权行为，即使甲是随意放置菜刀、未予妥善保管（具有过失），甲也没有为第三人的侵权行为提供帮助，不应当承担帮助侵权责任。总之，帮助侵权责任以帮助人的主观故意为要件，否则其

---

❶ 全国人大常委会法制工作委员会民法室编：《中华人民共和国侵权责任法条文说明、立法理由及相关规定》，北京大学出版社 2010 年版，第 38 页；最高人民法院侵权责任法研究小组编著：《〈中华人民共和国侵权责任法〉条文理解与适用》，人民法院出版社 2010 年版，第 76 页；王泽鉴：《侵权行为》，北京大学出版社 2009 年版，第 365 页。

❷ 史尚宽：《债法总论》，中国政法大学出版社 2000 年版，第 175 页；姬新江："论教唆、帮助行为——以《侵权责任法》为视角"，载《河北法学》2013 年 6 月第 31 卷第 6 期。

❸ 参见《德国民法典》第 830 条第 2 款、《日本民法》第 719 条第 2 款、我国台湾地区"民法"第 185 条第 2 款及《最高人民法院关于贯彻执行〈中华人民共和国民法通则〉若干问题的意见（试行）》第 148 条。

过失不能构成帮助侵权责任。如果过失也能构成帮助侵权责任，就会导致帮助侵权责任泛滥，过分限制社会公众的行为自由。

两大法系对于帮助侵权行为有不同的法律定位。英美法系，例如美国，将帮助侵权行为作为间接侵权行为对待。帮助人没有实施直接加害行为，而为直接加害行为提供帮助的，构成间接侵权行为，不是直接侵权行为。大陆法系，例如德国、日本及我国的台湾地区，均将帮助侵权人视为共同侵权人，将帮助侵权行为作为共同侵权行为的一种类型，令帮助人与直接加害人承担连带责任。在《侵权责任法》实施之前，我国也将帮助侵权行为作为共同侵权行为的类型予以处理；《侵权责任法》第9条将教唆、帮助行为单列出来，独立于第8条规定的狭义共同侵权行为。因此，帮助行为成为一种独立的间接侵权行为。

如果帮助侵权行为成立，则帮助人应当承担帮助侵权责任。帮助侵权责任，在性质上是一种连带责任，受害人既可以向直接侵权行为人主张损害侵权责任，也可以向帮助人主张侵权责任，还可以同时向直接侵权人和帮助人主张侵权责任。

第二节　网络服务提供者帮助网络用户
侵害知识产权的责任构成

网络服务提供者提供中立的网络服务，例如存储平台、搜索链接等服务，其本身并没有实施直接的侵权行为。但是，如果其知道网络用户正在或正欲实施直接侵权行为，仍然不采取措施阻止网络用户的侵权行为，继续为其侵权行为提供网络服务的，则构成帮助侵权行为，应当与网络用户一起承担连带责任。帮助侵权责任的构成要件包括：（1）网络用户实施了直接侵权行为，造成了侵权损害后果。（2）网络服务提供者实施了帮助行为，即网络服务行为。（3）帮助行为与侵权损害之间存在因果关系，即帮助行为是侵权损害发生的一个实质性促进因素。（4）网络服务提供者具有帮助网络用户实施侵权行为的主观故意。

一、网络用户实施了直接侵权行为

网络用户实施了直接侵权行为，是指网络用户未经许可实施了受知识产权专有权控制的行为，且无法定抗辩事由。例如，网络用户未经许可实施了受我国《著作权法》第 10 条规定的 17 种权利控制范围的行为，且无法定抗辩事由，即构成对我国法定著作权的直接侵害。网络用户实施了知识产权直接侵权行为是网络服务提供者承担帮助侵权责任的前提，如果直接侵权行为不成立，则帮助侵权责任也不成立。这说明帮助侵权行为及其责任具有从属性，从属于直接侵权行为。这和刑法上的帮助犯有类似之处。刑法上，帮助犯的地位有独立性说、从属性说及二重性说。从属性说认为，帮助犯从属于正犯，没有正犯就没有帮助犯，这是因为没有正犯意味着法益未受侵害，法益未受侵害则当然不存在犯罪行为，也当然不存在帮助犯。❶ 侵权法上，帮助侵权行为及其责任同样具有从属性，没有直接侵权行为，就没有帮助侵权行为和责任。因此，司法中应当首先确认直接侵权行为是否成立，再确认帮助侵权行为是否成立。

在湖南金峰音像出版社（简称"金峰出版社"）与浙江淘宝网络有限公司（简称"淘宝网公司"）邻接权纠纷一案❷中，

---

❶　张明楷：《刑法学》（第四版），法律出版社 2011 年版，第 372~385 页。

❷　参见浙江省杭州市中级人民法院（2005）杭民三初字第 135 号民事判决书和浙江省高级人民法院（2006）浙民三终字第 125 号民事判决书。

金蜂出版社系电视剧《火鸟》VCD、DVD 国内独家制作者和发行者，享有相关的录音录像制作权。淘宝网上的卖家未经许可通过淘宝网在线销售了侵权制品《火鸟》压缩碟，金蜂出版社为此诉至法院，要求淘宝网承担侵权责任。二审法院认为，淘宝网公司是网络服务提供者，并非直接的被控侵权碟片的生产者或销售者，仅仅是提供销售平台及支付服务的网络服务提供者。在未经诉讼程序听取直接被控侵权的当事人抗辩并判定其行为构成直接侵权行为的前提下，不应判定网络服务提供者的行为构成帮助侵权行为。同时，在没有相关著作权权利人提出异议的情况下，淘宝网公司也无法从众多销售者查明本案的两个销售者的行为构成侵权行为。因此，淘宝网公司在本案中并不存在直接侵权或帮助侵权的行为，其在接到起诉书副本后即对其网站上有关韩剧《火鸟》或《爱情火鸟》的所有信息予以删除，履行了作为一个网络服务提供者的基本义务。二审法院认为帮助侵权行为以直接侵权行为为前提，在无法认定直接侵权行为的情况下，无法认定帮助侵权行为。这种裁判逻辑无疑是正确的。

二、网络服务提供者实施了帮助行为

　　帮助行为，即网络服务提供者为网络用户的直接侵权行为提供了帮助，起到了促进作用，如提供搜索链接、存储平台、网络接入等网络服务。如果没有网络服务提供者提供的网络服务，网络用户不可能实施直接侵权行为。

　　帮助行为是对直接侵权行为具有帮助、促进作用的行为，这一点并无疑问。但不无疑问的是，帮助行为的性质和范围应当如何界定？我们在评价帮助行为时，仅考虑该行为对于直接侵权损害的作用和效果，还是应当一并考虑帮助人的主观状态？

有观点认为，只有帮助人故意实施的帮助行为才能称为侵权法意义上的帮助行为，帮助人非故意实施的具有帮助作用的行为，不是侵权法意义上的帮助行为，这种观点可以称为帮助行为"狭义说"。另有观点认为，对于帮助行为，无需进行主观意义上的评价，只要客观上对于直接侵权行为具有帮助、促进作用，就可以称为侵权法上的帮助行为，这种观点可以称为帮助行为"广义说"。本书认为，对帮助行为应当仅作客观的评价，而不必进行主观的评价，亦即帮助行为本身是中性的，只要帮助行为对直接侵权行为的发生起到了促进作用，就可以认定其构成帮助行为。帮助行为的判断，无需考虑行为人的主观过错。

网络服务提供者实施的典型帮助行为有信息存储平台服务、搜索链接服务等，分述如下：

信息存储平台是为网络用户提供信息存储服务的网络平台，典型的如 BBS，为网络用户交流讨论、发布信息提供网络存储空间。信息存储平台仅是一个面向网络用户开放的平台，除了基于我国行政法规、行政规章的相关规定，对"黄赌毒"等网络信息进行审查、监控以外，一般不对网络用户发布的信息进行审查。

如果网络用户在信息存储平台上发布了侵权信息，侵害了他人的知识产权，该网络用户是直接侵权行为人，而信息存储平台为该网络用户实施侵权行为提供了信息存储服务。如果没有该信息存储平台，则前述的侵权行为就无从发生，信息存储平台服务商提供的信息存储平台服务对于网络用户的直接侵权行为，无疑具有实质性的帮助作用。因此，信息存储平台为网络用户实施侵权行为提供信息存储服务的行为构成帮助行为。

搜索链接服务，是指能够对互联网上的信息进行搜索并予以链接显示的服务，例如"百度"搜索引擎，它能对互联网上的海量信息进行搜索，给出链接地址，一旦网络用户点击链接地址，被搜索的信息就能够显示出来。如果被搜索的信息是侵权信息，由于搜索链接服务提供者为该侵权信息的传播起到了促进作用，因此，搜索链接服务也构成网络用户发布侵权信息这一直接侵权行为的帮助行为。

三、帮助行为与侵权损害后果之间具有因果关系

帮助行为与侵权损害后果之间具有因果关系，是帮助侵权责任的成立要件，如果二者之间缺乏因果关系，则帮助侵权责任不能成立。帮助行为对侵权损害后果的发生具有事实上的促进作用，是侵权损害后果发生的一个原因，是帮助人承担责任的前提要件，如果行为与侵权损害后果之间缺乏因果关系，则行为人当然不必承担责任。

虽然帮助侵权责任的成立以帮助行为与侵权损害后果之间具有因果关系为前提要件，但帮助行为并不是侵权损害的充分条件，在特殊情况下却可能是必要条件。一般情况下，只有直接侵权行为才是侵权损害发生的充分条件，例外情况下，直接侵权行为与帮助行为共同构成侵权损害发生的充分条件。在互联网环境下，网络服务行为并不是侵权损害发生的充分条件，但却是必要条件。仅有网络服务提供行为，没有网络用户的直接加害行为，侵权损害后果不可能发生，因此，网络服务提供行为不是侵权损害发生的充分条件。但是，没有网络服务提供行为，网络用户无法实施直接加害行为，侵权损害后果不可能发生，因此，网络服务提供行为是侵权损害后果发生的必要条件，只有网络用户的直接加害行为和网络服务提供行为二者合在一起，才导致侵权损害后果的发生。

四、网络服务提供者具有帮助网络用户实施侵权行为的主观故意

前文已述，帮助侵权责任是故意侵权责任，以帮助人的主观故意为要件，因此，网络服务提供者承担帮助侵权责任的前提是其实施帮助行为的主观状态是故意。

学理上，故意包括直接故意和间接故意。直接故意，是指行为人认识到其行为会产生侵权损害后果而积极追求损害后果的发生，亦即对损害后果的发生持一种积极追求的主观态度。间接故意，是指行为人认识到其行为可能会产生侵权损害后果而放任损害后果的发生，即对损害后果的发生持一种放任态度。❶ 直接故意和间接故意均包括认识因素和意志因素。

(一) 认识因素

故意是行为人对行为后果具有主观认识且积极追求或者予以放任的心理状态。人的行为是在人的主观意志支配下的行为，人首先要对客观世界和行为后果有所认识，才能在意志支配下采取行动，因此，认识因素是剖析行为人的主观故意的首要因素。

行为人认识的客体是其行为的性质、后果等，如果行为人对其行为的性质和后果欠缺认识，就不存在主观故意，一个人在无认识状态下实施的行为，不是故意行为，最多是过失行为。首先，行为人对他人的民事权益应当有客观的认识，即意识到他人民事权益的存在，如果没有意识到他人民事权益的存在，其实施的加害行为只能是过失行为，而不能是故意行为。只有

❶ 王泽鉴：《侵权行为法》，北京大学出版社 2009 年版，第 239~240 页；程啸：《侵权责任法》，法律出版社 2011 年版，第 197~199 页。

行为人明确认识到了他人的民事权益，还积极实施加害行为或者放任加害行为发生，才成立故意侵权行为。其次，行为人认识到了他人的民事权益后，还应当对自己的行为的性质和后果有所认识，即认识到自己的行为必然或可能损害他人的民事权益。

认识因素是区别侵权法上故意责任和过失责任的要素。如果行为人对于他人的民事权益和自己行为的性质、后果欠缺认识，就不能就其行为造成的侵权损害承担故意责任，最多只能承担过失责任。

故意的认定，应当考虑行为人对其行为的现实认识。与之不同，过失的认定，无需考虑行为人对其行为的现实认识，而只对行为人提出了认识上的要求。"主观标准说"和"客观标准说"的过失理论，均不要求行为人对其行为及其后果具有现实的认识，而只对行为人提出了认识上的要求。

"主观标准说"参照了刑法的定义，认为过失是指应当预见自己的行为可能发生侵权损害结果，因为疏忽大意而没有预见，或者已经预见而轻信能够避免，以致发生侵权损害结果。[1] "应当预见"是对行为人提出的认识要求，而不是现实的认识，是应当认识而事实上未认识的状态。"客观标准说"认为，过失是指行为人应当注意、能够注意而未注意，以致侵权损害发生。[2] "应当注意"，是对行为人提出的认识要求和行为要求。"能够注意而未注意"，表明行为人具有注意的能力但违反了注意义务，没有事先认识到他人的权利并预防侵权损害的发生。"主观标准说"和"客观标准说"，均对行为人提出了认识（注意）的要

---

[1] 张新宝：《侵权责任构成要件研究》，法律出版社 2007 年版，第 462~464 页。

[2] 王泽鉴：《侵权行为法》，北京大学出版社 2009 年版，第 241~254 页；张新宝：《侵权责任构成要件研究》，法律出版社 2007 年版，第 465~478 页。

求，但行为人欠缺实际的认识因素，没有认识到他人的权利和自己行为的性质及后果。

上述分析可以帮助我们理解《侵权责任法》第 36 条第 3 款规定中"知道"的含义。该款规定，网络服务提供者知道网络用户侵害他人权利而未采取必要阻止措施的，应当对网络用户造成的侵权损害后果承担连带责任。从文义上分析，"知道"要求网络服务提供者对网络用户的直接侵权行为具有现实的认识，排除了应当预见而未预见及应当注意而未注意的情形。网络服务提供者对网络用户的侵权行为具有现实的认识，却未采取阻止网络用户侵权的必要措施，继续提供网络服务的，是故意的帮助行为，应当承担故意责任，而不是过失责任。因此，《侵权责任法》第 36 条第 3 款规定的连带责任是故意责任，不是过失责任，网络服务提供者只有在故意不采取措施阻止网络用户侵权时才应当承担连带责任，在过失状态下不应当承担连带责任。

司法实践中的困难在于如何认定网络服务提供者对网络用户的侵权行为具备"认识因素"。这可以通过直接证据证明或者通过间接证据推定。直接证据可以是网络服务提供者的"自认"，或者知识产权权利人发送的侵权通知书等。推定，可以采用美国法中的"红旗测试"规则。首先，通过证据证明网络服务提供者认识到了网络用户涉嫌侵权的事实，例如，网络服务提供者对涉嫌侵权的信息进行了编辑、整理或加工或者热播电影位于网站首页，等等，这些证据都可以证明网络服务提供者认识到了网络用户涉嫌侵权的事实。其次，如果一个正常的理性人根据这些事实，足以判断其中存在侵权行为，则可以推定网络服务提供者对网络用户的侵权行为具有"认识因素"。

（二）意志因素

意志因素，是行为人认识到了自己行为的性质而积极追求或者放任侵权损害发生的心理意志。直接故意，表现为积极追求损害的发生，即行为人明明知道自己的行为会造成损害后果，还积极推进自己的行为，追求损害结果的发生。间接故意，表现为放任自己的行为产生损害后果，即行为人知道自己的行为可能会产生损害后果，但不加以阻止，而是放任自己的行为，导致损害结果的发生。

意志因素以行为人的认识因素为前提，行为人对自己的行为性质及后果欠缺认识因素，就谈不上主观意志。因此，在分析故意要件时，应当首先确认行为人具有认识因素，然后再讨论行为人的意志因素，进而认定行为人是否具备行为的故意。

以《侵权责任法》第 36 条第 3 款规定为例，网络服务提供者知道网络用户侵害他人权利的，还不采取必要的阻止侵权的措施，即是在具有认识因素的情况下，积极追求或者放任损害结果扩大，应当承担故意帮助侵权责任。

（三）网络服务提供者的帮助侵权责任以其具有帮助侵权的主观故意为限

前文已述，帮助侵权责任以帮助人具有主观故意为限，过失的帮助行为不能构成帮助侵权责任。在网络服务提供者的帮助侵权责任中，帮助人的过错亦应当仅限于故意，而不包括过失，这既符合帮助责任以行为人的主观故意为要件的主流观点，比较法上也有参考依据。美国法上，网络服务提供者承担的辅助侵权责任即为故意责任，以网络服务提供者对网络用户行为的侵权行为具有认识为前提，包括实际的认识和推定的认识。❶ 网络服务提供者知道网络用户的侵权行为后，还为其提供网络服务，促成网络用户的侵权行为持续发生的，即为故意的帮助行为。虽然美国法并未刻意强调这是故意的帮助行为，但这实质上就是故意帮助行为。例如，在 Napster 案中，法院认定在案证据既足以证明 Napster 公司实际知道网络用户的直接侵权行为，而且根据该公司的一份内部证据也足以推定其知道网络用户的直接侵权行为。❷

　　欧盟国家，网络服务提供者承担间接侵权责任也要求具备两个要件：一为故意的帮助，二是知道他人的侵权行为。据此，网络服务提供者承担间接侵权责任的主观要件是故意。❸ 德国也一样，例如，Thomas Hoeren 认为信息存储平台的责任仅限于故意侵权责任，以故意为要件。❹

　　但是，最高人民法院法释〔2012〕20 号文件和司法实践背离了"帮助侵权责任以帮助人具有主观故意为限"这一传统法理和主流观点，应当检讨，本书在后面第三节将进行阐述。

---

　　❶ Lital Helman, Pull Too Hard and the Rope May Break: On the Secondary Liability of Technology Providers for Copyright Infringement, Texas Intellectual Property Law Journal, Vol. 19, Issue 1 (Summer 2010), at 115.

　　❷ See A&M Records, Inc. v. Napster, Inc., 239 F. 3d 1004 (9th Cir. 2001), at 1020.

　　❸ Annette Kur, Secondary Liability for Trademark Infringement on the Internet: The Situation in Germany and Throughout the EU, 37 COLUM. J. L. & ARTS 525 (2014), at 525.

　　❹ Thomas Hoeren, Liability for online sevices in Germany, German Law Journal Vol. 10 No. 05, at 567.

第三节　帮助侵权责任的司法适用

一、司法动向及案例检讨

最高人民法院法释〔2012〕20 号文件第 7 条第 3 款规定："网络服务提供者明知或者应知网络用户利用网络服务侵害信息网络传播权，未采取删除、屏蔽、断开链接等必要措施，或者提供技术支持等帮助行为的，人民法院应当认定其构成帮助侵权行为。"第 8 条第 1 款规定："人民法院应当根据网络服务提供者的过错，确定其是否承担教唆、帮助侵权责任。网络服务提供者的过错包括对于网络用户侵害信息网络传播权行为的明知或者应知。"第 11 条规定："网络服务提供者从网络用户提供的作品、表演、录音录像制品中直接获得经济利益的，人民法院应当认定其对该网络用户侵害信息网络传播权的行为负有较高的注意义务。"依第 11 条的反面解释，网络服务提供者未从网络用户提供的作品、表演、录音录像制品中直接获得经济利益的，人民法院就不应当认定其对该网络用户侵害信息网络传播权的行为负有较高的注意义务，而只能认定其负有一般的注意义务。由此可见，上述条款中的"应知"与注意义务相对应。"应知"的含义是指，网络服务提供者具有注意并知道网络用户利用网络服务侵害他人的信息网络传播权的注意义务。如果网络服务提供者没有尽到注意义务，事实上不知道网络用户的侵权行为，即具有过失。根据上述条款的精神，网络服务提供者在过失的情况下也要承担帮助侵权责任。

目前的司法实践中，各级法院在认定网络服务提供者的帮助侵权责任时，一般都根据上述司法解释的精神，要求网络服务提供者不仅在故意而且在过失状态下均要承担责任。下面试举一例。

在广州市花季文化传播有限公司（简称"花季文化公司"）与北京阅言科技有限公司（简称"阅言科技公司"）侵害作品信息网络传播权纠纷一案●中，花季文化公司享有《挚爱胖妹妹》一书（简称"涉案图书"）的除署名权以外的著作权。网址为 www.xs8.cn 的"言情小说吧"网站由阅言科技公司注册并经营，备案审核通过时间为 2011 年 7 月 13 日。网址为 www.xs8.com.cn 的网站未经 ICP 备案，亦未在网站上标注经营者等备案信息。登录"言情小说吧"网站首页，通过搜索"挚爱胖妹妹"可以找到涉案图书的搜索结果。点击"开始阅读"按钮后可以找到涉案图书的简介、阅读指数、男主角、女主角等信息，上方显示"作者：于佳"；点击"《挚爱胖妹妹》TXT 下载"，可以找到涉案图书的章节列表，选择其中一章打开，页面跳转至网址为 www.xs8.com.cn 的网站，可以在该网站阅读涉案图书的相应章节；通过点击网址为 www.xs8.com.cn 的网站上的"《挚爱胖妹妹》TXT 免费下载"，可以下载到相应作品的 TXT 文本，其中含有"http://www.xs8.com.cn、http://wap.xs8.cn"等字样。从"言情小说吧"网站首页搜索其他数百部作品的名称亦可找到对应作品的搜索结果，并可以通过上述类似的步骤跳转至网址为 www.xs8.com.cn 的网站进行在线阅读及下载。

二审法院认为，阅言科技公司提供的链接模式导致在涉案网站上搜索图书所得到的搜索结果是唯一的，即仅指向 www.xs8.com.cn 的网站页面，系仅针对特定内容的定向链接服

● 参见北京市朝阳区人民法院（2014）朝民（知）初字第 41240 号民事判决书和北京知识产权法院（2015）京知民终字第 1872 号民事判决书。

务。这种设置链接的方式相较于普通的全网搜索链接服务而言，网络服务提供者应负有较高的注意义务，其在选择被链接的网站时，理应对该网站有所了解。本案中链接指向的 www.xs8.com.cn 网站未经 ICP 备案，亦无合法的备案注册信息，此时阅言科技公司更应施以注意。同时，阅言科技公司在搜索结果中通过显示作者、情节简介、阅读指数等信息来对作品进行推荐，所链接的涉案作品可以分章点击阅读且能够完整下载。综合上述因素，阅言科技公司在提供链接时，理应知道被链接网站的侵权行为，其作为专业提供文学作品的网站无视上述因素，未尽到合理的注意义务，存在主观过错，且其客观上帮助了侵权行为的实施和扩大，应当承担赔偿经济损失的侵权责任。

该案中，二审法院没有认定阅言科技公司是否知道被链接网站的侵权行为，而是根据案情认定该公司理应知道被链接网站的侵权行为，未尽到合理的注意义务，存在主观过错，客观上帮助了侵权行为的实施和扩大，应当承担帮助侵权责任。可见，二审法院将违反注意义务的过失行为纳入帮助侵权责任的调整范围。

笔者不赞同上述司法解释和裁判思路。正如本书的不同章节反复强调的，帮助侵权责任以帮助人的主观故意为要件，过失无法构成帮助侵权责任。但是，根据最高人民法院法释〔2012〕20 号文件的规定，网络服务提供者在过失的状态下也要承担帮助侵权责任，这与帮助侵权责任以帮助人的主观故意为要件的法理不符，违背了法律概念的逻辑体系，有待商榷。

二、《侵权责任法》第36条第3款规定中"知道"的解释

前文已述，《侵权责任法》第 36 条第 3 款规定的连带责任为帮助侵权连带责任，基于帮助侵权责任以帮助人的主观故意

为要件的法理，该款规定中的网络服务提供者应当有帮助的故意，才需承担连带责任。我们在解释该款规定中的"知道"一词时，应当遵循上述法理。

对于《侵权责任法》第 36 条第 3 款规定中"知道"的理解，理论界和实务界有四种不同观点。第一种观点认为，法解释学上，"知道"可以解释为包括"明知"和"应知"，将"应知"解释为"知道"的一种情形，不存在法解释学上的障碍，根据实践需要可以作如此解释；❶ 第二种观点认为，"知道"包括"明知"和"应知"。❷ 第三种观点认为，"知道"包括"明知"和"推定知道"（也可称为"有理由知道"），但不包括"应当知道"。❸ 第四种观点认为，应该将"知道"限定为"明知"。❶ 目前，知识产权司法实践中的主流观点认为"知道"包括"明知"和"应知"，最高人民法院法释〔2012〕20 号文件即采这种观点。

本书赞同第三种观点。首先，"应知"一词具有两种不同的含义：一是指推定知道，即推定行为人应当知道，区别于客观上的实际知道；二是指应当知道而不知道，意指过失，即违反

---

❶ 全国人大常委会法制工作委员会民法室编：《中华人民共和国侵权责任法条文说明、立法理由及相关规定》，北京大学出版社 2010 年版，第 152 页。

❷ 孔祥俊：《网络著作权保护法律理念与裁判方法》，中国法制出版社 2015 年版，第 200~202 页；最高人民法院法释〔2012〕20 号文件第 7、8、9 条。

❸ 最高人民法院侵权责任法研究小组编著：《〈中华人民共和国侵权责任法〉条文理解与适用》，人民法院出版社 2010 年版，第 265 页；杨明："《侵权责任法》第 36 条释义及其展开"，载《华东政法大学学报》2010 年第 3 期。

❶ 张新宝、任鸿雁："互联网上的侵权责任：《侵权责任法》第 36 条解读"，载《中国人民大学学报》2010 年第 4 期。

注意义务而不知道。[1] 鉴于此，本书不赞同将"知道"解释为包括"明知"和"应知"，以免引起误解，而应当解释为包括"明知"和"推定知道"（也可称为"推定明知"）。其次，在最高人民法院法释〔2012〕20 号文件第 7、8 条已经将"知道"解释为包括"明知"和"应知"的情况下，为了与帮助侵权责任以帮助人的主观故意为要件这一基本法理保持逻辑体系的和谐，不应当将"应知"解释为应知而未知、违反注意义务的过失（本书称为"注意义务说"），而应当解释为"推定知道"（本书称为"推定知道说"）。

"知道"包括"明知"和"推定知道"，"明知"是有直接证据证明的"知道"，"推定知道"是根据间接证据推定的"知道"。[2] 推定，是司法证明的一种重要方法，是以肯定基础事实和推定事实之间的常态联系为基础，通过对基础事实的证明来实现对推定事实的认定。[3] 有时候要用证据来证明"明知"确有难度，但法官基于间接证据，运用经验法则，可以推定网络服务提供者"知道"网络用户的侵权行为。司法中的推定，可以借鉴美国法中的"红旗测试"规则，从主、客观两个要件上进行把握。主观上，网络服务提供者认识到了网络用户涉嫌侵权的事实，这点应当运用证据证明。例如，网络服务提供者对涉嫌侵权的信息进行了编辑、整理或加工，热播电影出现在网站的首页等，诸如此类的证据都足以证明网络服务提供者认识到了网络用户涉嫌侵权的事实。客观上，要判断一个合理的理性

---

[1] 冯术杰："网络服务提供者的商标侵权责任认定——兼论《侵权责任法》第36 条及其适用"，载《知识产权》2015 年第 5 期。

[2] 徐伟：《网络服务提供者侵权责任理论基础研究》，吉林大学 2013 年博士学位论文，第 67~96 页。

[3] 江伟主编：《民事证据法学》，中国人民大学出版社 2011 年版，第 137~143 页。

人面对同样的涉嫌侵权的事实是否足以作出其中存在侵权行为的判断。如果主、客观两个要件都能够满足，即可推定网络服务提供者知道网络用户的侵权行为。另外，在网络服务提供者对网络用户的侵权行为故意视而不见的情形下，也可以推定"知道"要件成立。

将"知道"解释为包括"明知"和"推定知道"，可以降低权利人的证明难度，符合《侵权责任法》第36条第3款的立法要求，也符合网络治理的实践需要。而且，民事诉讼中的证明实行高度盖然性标准，司法实践中进行推定不存在任何障碍。

"推定知道说"相比"注意义务说"，更加合理，值得提倡。首先，"推定知道说"能实现法律概念、逻辑体系的统一。法官基于网络用户涉嫌侵权的基础事实来推定网络服务提供者"知道"网络用户的侵权行为，网络服务提供者未采取阻止侵权的必要措施的，具有推定的帮助侵权的主观故意，要负帮助侵权责任，这与帮助侵权是主观故意侵权的法律逻辑相协调。相反，"注意义务说"只能证明网络服务提供者的过失。过失无法构成帮助侵权责任，用注意义务的违反来论证帮助侵权责任的逻辑无法成立。其次，"推定知道说"的司法实践效果并不差于"注意义务说"。根据"注意义务说"，网络服务提供者"应知"网络用户侵权行为的前提是网络用户侵权的事实非常明显，网络服务提供者从中应当能够意识到侵权行为的存在。❶ 其实，在网络用户侵权的事实非常明显、像红旗一样高高飘扬，网络服务提供者不可能意识不到时，法官完全可以推定网络服务提供者知道网络用户的侵权行为。再次，"推定知道说"之推定要受

---

❶ 孔祥俊：《网络著作权保护法律理念与裁判方法》，中国法制出版社2015年版，第222~226页。

诉讼法和证据法规则的约束，法官自由裁量的余地小，更容易实现裁判结果的统一。相比之下，注意义务的标准弹性较大，难以统一，而且容易随着执法环境的变化而摇摆不定，法官的自由裁量权大，相似的案情，不同的法官可能会作出不同的裁判，可预期性差，加大了网络服务提供者的经营风险，不利于网络产业的正常发展。

"推定知道说"不仅合理，而且也有依据。首先，从字义上分析，"应知"的意思是指，当网络用户侵权事实如此明显时，网络服务提供者不能视而不见，其知道这些事实是应该的、有理由的、理所当然的，即使其辩解不知道，法官结合这些事实也可以推定其知道。"应知"的字义包含了"推定知道"。其次，"推定知道说"符合《侵权责任法》第 36 条第 3 款"知道"一词的表述前后变化所反映出的立法者本意。前文已述，"知道"一语在第一次及第二次征求意见稿中均表述为"明知"，立法者考虑到"明知"的证明难度太大，为了降低证明难度，将"明知"修改为"明知或应知"，并最终修改为"知道"，实际上是为实践中法官推定"知道"要件成立留下空间。再次，刑法理论也常常将"应知"解释为推定知道，"应知"属于故意犯罪的范畴。例如，陈兴良的《"应当知道"的刑法解说》一文，列举了"应当知道"是推定知道的若干刑法司法解释，明确认为刑法上的"应当知道"就是推定知道，并认为"应当知道""应知"是容易发生歧义的概念，应当予以摒弃，建议采用推定知道、推定故意的概念。❶ 最后，在美国法中，无论是论文还是司法判决，在论及 Contributory Liability（相当于我

❶　陈兴良："'应当知道'的刑法解说"，载《法学》2005 年第 7 期；另外，还可参见皮勇、黄琰："论刑法中的'应当知道'——兼论刑法边界的扩张"，载《法学评论》2012 年第 1 期。

国的帮助侵权责任）时，都强调两个要件：1. 网络服务提供者知道网络用户的侵权行为（has knowledge of the internet service user's infringement）；2. 网络服务提供者为网络用户的侵权行为提供了实质性的帮助。其中的"knowledge"（知道）包括"actual knowledge"（实际知道）和"constructive knowledge"（推定知道）。❶ 因此，美国法中，"知道"包括"实际知道"和"推定知道"。综上，无论是采文义解释、法意解释，还是参照我国刑法或者美国侵权法的解释，我们都应当采"推定知道说"。

三、《信息网络传播权保护条例》第 23 条规定中"应知"的解释

本书第一章已经论述，《信息网络传播权保护条例》第 23 条规定的共同侵权责任应当解释为广义共同侵权责任中的帮助侵权责任，与《侵权责任法》第 36 条第 3 款规定的连带责任在性质上是一样的。因此，该条规定中的"明知或者应知"与《侵权责任法》第 36 条第 3 款规定中的"知道"的含义是一致的。如上所述，"知道"包括"明知"和"推定知道"，故《信息网络传播权保护条例》第 23 条规定中"应知"也应当解释为"推定知道"。

将"应知"解释为"推定知道"，意味着网络服务提供者不负有注意并预防网络用户实施侵权行为的义务，仅在网络用户实施的侵权行为非常明显以至于网络服务提供者应当知道（即没有理由不知道，从而可以被司法推定知道）时，才负有采取必要措施阻止侵权损害结果发生的义务。网络服务提供者应当

---

❶ Lital Helman, Pull Too Hard and the Rope May Break: On the Secondary Liability of Technology Providers for Copyright Infringement, Texas Intellectual Property Law Journal, Vol. 19, Issue 1 (Summer 2010), at 115.

知道（被司法推定知道）网络用户的侵权行为，而未采取必要的阻止措施，放任侵权损害发生的，构成故意的帮助侵权行为，应当负连带侵权责任。将"应知"解释为"推定知道"，进而推定网络服务提供者具有帮助网络用户实施侵权行为的故意，这种解释路径符合帮助侵权的主观构成要件，在逻辑上是自洽的。

四、《侵权责任法》第 36 条第 3 款规定中"知道"的客体

《侵权责任法》第 36 条第 3 款规定："网络服务提供者知道网络用户利用其网络服务侵害他人民事权益，未采取必要措施的，与该网络用户承担连带责任。"对该款规定，可能有两种解释：一种观点认为"知道"的客体是网络用户的行为，即网络服务提供者认识到了网络用户的行为，就满足该款要件，是否认识到该行为的侵权性质，在所不论；另一种观点认为，"知道"的客体是网络用户的侵权行为，即网络服务提供者不仅认识到了网络用户的行为，还必须认识到该行为的侵权性质，仅仅认识到网络用户的行为，但未认识到该行为的侵权性质，无法满足"知道"要件。

第一种观点可能会导致该款规定的调整范围过于宽泛，网络服务提供者只要知道了网络用户的行为，而无论其是否知道该行为的性质，都要承担赔偿责任。这种解释标准对于网络服务提供者的要求过严，不利于网络服务提供者正常开展网络业务。而且，这种解释方法也与该款规定的文义不符。根据文义，该款规定要求网络服务提供者知道网络用户行为的"侵害"性质。

第二种观点既符合该款规定的文义，也比较合理。就文义而言，该款规定不仅要求网络服务提供者知道网络用户的行为，还要求其知道该行为的"侵害"性质，即知道网络用户行为的

侵权性质。就合理性而言，只有网络服务提供者知道了网络用户行为的侵权性质，还继续提供网络服务的，才能认定其具有帮助侵权的故意，才具有归责的基础。如果网络服务提供者不知道网络用户行为的侵权性质，也就不知道其"继续提供网络服务"这一行为的性质和后果，在此情况下，就欠缺帮助网络用户实施侵权行为的故意，不应当承担责任。

《侵权责任法》第 36 条的立法参考了国外的立法例，其中美国的 DMCA 是重要的参考对象，因此，DMCA 的相关规定及美国学者的解释有助于我们对《侵权责任法》第 36 条第 3 款规定中"知道"的客体作出准确的界定。

DMCA 第 512 条之（c）（1）（A）（ⅰ）项规定，网络服务提供者享有"避风港"的一个条件是其"does not have actual knowledge that the material or … activity … is infringing."❶ 即网络服务提供者事实上不知道网络平台上的材料或者网络用户行为的侵权性质。R. Anthony Reese 明确认为，该项规定要求网络服务提供者不仅知道涉嫌侵权的材料或行为存在，而且明确知道它的侵权性质。他还认为，DMCA 第 512 条之（c）（1）（A）（ⅱ）项规定中的"知悉"（aware）的客体也是网络用户的侵权行为。❷ 因此，在美国 DMCA 第 512 条中，"知道"和"知悉"的客体均为网络用户的侵权行为。

综上，无论是根据文义从合理的角度进行解释，还是参考 DMCA 第 512 条规定的解释，我国《侵权责任法》第 36 条第 3 款规定中"知道"的客体应该是网络用户的侵权行为。因此，"知道"要件的认定有两个层次：第一步，认定网络服务提供者

---

❶ 17 U. S. C. § 512（c）（1）（A）（ⅰ）（2006）.

❷ See R. Anthony Reese, The Relationship Between the ISP Safe Harbors and the Ordinary Rules of Copyright Liability. 32 Colum. J. L. & Arts 427 2008-2009, at 433-434.

是否知道了网络用户的行为；第二步，认定网络服务提供者是否知道网络用户的行为的侵权性质。以网络信息存储平台为例，第一步，认定网络服务提供者是否知道其平台上存在涉嫌侵权的材料；第二步，认定网络服务提供者是否知道该材料的侵权性质，只有两步都成立，才能认定网络服务提供者知道网络用户提供材料的行为侵害了他人的信息网络传播权。

五、《侵权责任法》第 36 条第 3 款规定中"知道"要件的司法判断

"知道"包括"明知"和"推定知道"。"明知"是网络服务提供者事实上已知道，一般只有网络服务提供者明确承认其知道网络用户的侵权行为，或者权利人将侵权事实通知网络服务提供者了，"明知"要件才可能成立。但是，实践中，网络服务提供者一般都不会自认其知道网络用户的侵权行为，因此，讨论"明知"的意义并不重要，关键是如何推定"知道"要件成立。

由于"推定知道"是一种盖然性的推定，行为人事实上很可能知道，在特殊情况下也可能不知道，因此，对于"推定知道"的适用应严格限制，防止随意推定。"推定是人们基于经验法则而来的，人们对社会某种现象的反复认识之后，逐渐掌握了其内在的规律，对这种内在规律的认识即经验法则，具有高度的盖然性。因为事实推定的机理是基于盖然性，因而得出的结论并非是必然的，而存在或然性"。❶"知道"的推定，通常应当符合下列条件：首先，"知道"的推定应当具有比较充分的基础事实，而不能毫无根据地凭空想象和推测。据以推定的基础事实必须是确实、真实和典型的，如果基础事实处于不确定状态，推定的结

---

❶　何家弘主编：《证据学论坛》，中国检察出版社 2001 年版，第 164~165 页。

论极有可能不符合事实。其次，基础事实与推定事实之间必须有必然的联系并且具有高度的盖然性。基础事实与推定事实之间的联系或者为因果关系，或者互为主从关系，或者互相排斥，或者互相包容。除此之外均不能成为必然联系。这是事实推定的逻辑条件，也是最关键的条件。从经验法则上，基础事实和推定事实之间的必然联系还应具有发生的高度盖然性。最后，应允许被告加以反驳和作出合理的解释。被告反驳时既可以直接反驳也可以提出证据反驳，被告的反驳只需达到合理程度，使裁判者对推定的可靠性产生动摇和怀疑，即为已足。❶

下面，参考美国法的经验，对我国《侵权责任法》第 36 款中"知道"要件的判断进行阐述。

（一）美国法中"知道"的含义与司法认定

在美国法中，网络服务提供者承担辅助侵权责任有两个要件：第一，网络服务提供者实际知道或者被推定知道网络用户的直接侵权行为；第二，在满足第一项条件的情况下，网络服务提供者对网络用户实施的直接侵权行为提供了实质性的帮助。司法实践中，判断"实质性帮助"要件往往较为容易，但判断"知道"要件却并不容易。

"实际知道"，是事实上知道，一般可以通过以下途径予以证明：一是网络服务提供者自认"知道"；二是权利人通过"通知"程序告诉了网络服务提供者。

实践中的难点是如何从司法上推定"知道"要件成立。"推定知道"一般包括两类情形：第一类是"有理由知道"，采用"红旗测试"规则予以认定；第二类是在辅助侵权人对第三人实

---

❶ 张少林、刘源："刑法中的'明知'、'应知'与'怀疑'探析"，载《政治与法律》2009 年第 3 期。

施的直接侵权行为时故意视而不见的情形下，可以推定其已知道该直接侵权行为。"有理由知道"的判断，适用"红旗测试"❶ 规则。根据美国国会报告，"红旗测试"规则需要满足主观、客观两个条件：首先，网络服务提供者主观上知悉涉嫌侵权的事实或情形，这是主观要件；其次，一个理性人在同等的情况下，根据该事实或情形能够作出涉嫌侵权行为构成侵权行为的判断，这是客观要件。❷

由于"红旗测试"有主观和客观方面的双重要求，因此，它是一个比较高的标准。之所以要设立一个较高的标准，是为了给网络服务业的发展提供一个稳定的预期，避免司法实践中动则推定网络服务提供者知道其网络服务中存在网络用户的侵权行为进而要求网络服务提供者承担侵权责任。过低的证明标准往往会导致针对网络服务提供者的司法滥诉，妨害网络服务业的正常发展。❸ 由于"红旗测试"是一个较高的标准，因此，美国司法实践中适用"红旗测试"的案例并不多见。❹ 制止网络用户侵权的方式主要是适用"通知与删除"规则。

关于美国法上"知道"的含义，还需要强调四点：第一，知道必须是具体的，而不能是笼统的。只有网络服务提供者具体地知道侵权的信息，它才能采取删除、断开链接等阻止侵权

---

❶ 国内学者一般称为"红旗标准"，这一称呼并不准确，美国法原文表述为"red flag test"，翻译过来即为"红旗测试"。

❷ See S. Rept. 105-190, at 44（1998），https：//www.gpo.gov/fdsys/pkg/ CRPT-105srpt190/pdf/ CRPT-105srpt190.pdf, H. Rept. 105-551, Part 2, at 53（1998），https：//www.gpo.gov/fdsys/pkg/CRPT - 105hrpt551/ pdf/CR PT-105hrpt5 - 51 - pt2. pdf, 2016 年 3 月 29 日访问。

❸ See Edward Lee, Decoding the DMCA Safe Harbors, 32 Colum. J. L. & Arts 233 2008-2009, at 253.

❹ Id, at 253-259.

的措施；如果其只是笼统地、大概地知道其网络平台上存在侵权信息，要求它逐个去调查并筛选出具体的侵权信息，违反了网络服务提供者不负担监管、查找侵权信息之义务的基本原则，效率上是不可行的。第二，网络服务提供者获知侵权信息的途径是多样的，不限于某种具体的形式。不管是基于权利人的通知而获知，还是主动调查而获知，只要网络服务提供者知道了侵权信息，它就应当采取行动，阻止侵权行为。第三，网络服务提供者不能对明显的侵权信息视而不见，采取鸵鸟政策，把头埋进沙子里。如果侵权信息非常明显，任何合理人都能够意识到，而网络服务提供者故意视而不见，无法免除侵权责任。第四，网络服务提供者不负有调查、筛选侵权信息的义务，也就是不负担审查义务或者注意义务，这是一个重要的前提。❶

（二）我国《侵权责任法》第 36 条第 3 款中"知道"的判断

前文已述，帮助侵权责任是故意侵权责任，以帮助人的主观故意为要件。在《侵权责任法》第 36 条第 3 款的规定中，网络服务提供者故意帮助网络用户实施侵权行为的基本内涵是：网络服务提供者在知道网络用户实施侵权行为的事实后，不采取删除、屏蔽或断开链接等措施阻止网络用户的侵权行为，而是继续为该网络用户提供网络服务，致使侵权损害后果进一步扩大。故意是认识因素与意志因素的结合，认识因素表现为网络服务提供者知道网络用户的侵权行为，意志因素表现为网络服务提供者追求或者放任侵权后果的扩大。故意以现实的认识因素为前提，因此，该款规定中的"知道"不包括过失意义上

---

❶ Stacey Dogan, Principled Standards vs. Boundless Discretion: A Tale of Two Approaches to Intermediary Trademark Liability Online, Columbia Journal of law & The arts (2014), at 512-513.

的"应当知道"而实际上不知道的情形，而只能是"明知"或者推定的"知道"。

"明知"的判断比较简单，一种情形为权利人发出了通知，网络服务提供者确切地知道网络用户的侵权行为，另一种情形是网络服务提供者自认"明知"。比较复杂的是，在权利人未发送通知，网络服务提供者也否认"明知"的情况下，如何判断网络服务提供者是否知道网络用户的侵权行为。目前的司法实践中，法院往往不去判断网络服务提供者是否知道网络用户的侵权行为，而强调网络服务提供者负有注意义务，应当知道网络用户的侵权行为，网络服务提供者应知而未知，构成对注意义务的违反，具有过错，应当承担责任。这种认定思路遵循了最高人民法院法释〔2012〕20号文件第7条、第9条的规定，但背离了《侵权责任法》第36条第3款规定的精神，与美国法上认定辅助侵权责任的思路也相差甚远。

本书认为，这种司法逻辑存在问题，应当进行调整，正确的思路是根据间接证据推定"知道"要件成立，进而推定网络服务提供者具有帮助侵权的故意，并据此认定帮助侵权责任成立。

最高人民法院法释〔2012〕20号文件以及司法案例将"知道"解释为包括"明知"和"应知"，主要是担心司法上证明"知道""明知"的难度太大，所以将"应知"解释进去，并将"应知"转换为注意义务的判断。这种担心是不必要的。我国民事诉讼上的证明标准为高度盖然性。德国学者以刻度盘为例子对盖然性作出形象直观地描述：假定刻度盘两端为0和100%，将刻度盘两端之间分为四个等级：1%～24%为非常不可能，26%～49%为不太可能，51%～74%为大致可能，75%～99%为非常可能。其中0为绝对不可能，100%为绝对肯定，50%为可能与不可能同等程度存在。民事诉讼的证明标准应当确定在最后一个等级，即在穷尽了可以获得的所有证据之后，如果仍然达不到 75% 的证明程度，则应当认定事实不存在；超过 75% 的，应当认定待证事实存在。❶《侵权责任法》第 36 条第 3 款中"知道"要件的证明也无需达到百分之百的确定性，只要达到高度盖然性（即 75% 的可能性）即可，完全可以根据一些基础事实去认定（推定）"知道"要件成立。

我们可以借鉴美国法上的"红旗测试"规则，分两步走：第一步，认定网络服务提供者认识到了涉嫌侵权的事实或情形，这可以通过证据来证明。比如，网络服务提供者对侵权信息进行了编辑、排列等，这些证据足以证明网络服务提供者接触并认识到了涉嫌侵权的事实或情形。即使没有证据证明，有些情况下也可以直接推定。由于我国行政法规及行政规章规定网络信息存储服务提供者负有审查"黄赌毒"内容的义务❷，网络信息存储服务提供者在实际的经营中都要进行"黄赌毒"内容的

❶ ［德］汉斯·普维庭著，吴越译：《现代证明责任问题》，法律出版社 2000 年版，第 108~109 页。

❷ 参见 2000 年 9 月施行的《互联网信息服务管理办法》第 15 条的规定："互联网信息服务提供者不得制作、复制、发布、传播含有下列内容的信息：（一）反对宪法所确定的基本原则的；（二）危害国家安全，泄露国家秘密，颠覆国家政权，破坏国家统一的；（三）损害国家荣誉和利益的；（四）煽动民族仇恨、民族歧视，破坏民族团结的；（五）破坏国家宗教政策，宣扬邪教和封建迷信的；（六）散布谣言，扰乱社会秩序，破坏社会稳定的；（七）散布淫秽、色情、赌博、暴力、凶杀、恐怖或者教唆犯罪的；（八）侮辱或者诽谤他人，侵害他人合法权益的；（九）含有法律、行政法规禁止的其他内容的。"还可参见 2000 年 9 月施行的《中华人民共和国电信条例》第 57 条、2011 年 4 月 1 日施行的《互联网文化管理暂行规定》第 16 条、2008 年 1 月 31 日起施行《互联网视听节目服务管理规定》第 16 条、2005 年 9 月 25 日施行的《互联网新闻信息服务管理规定》第 19 条、2004 年 10 月 11 日起施行的《互联网等信息网络传播视听节目管理办法》第 19 条的规定。对于相关网络信息是否符合上述法规的审查，业界俗称"黄赌毒"审查。

审查。实践中，网络信息存储服务提供者往往要对网络信息逐一进行人工筛查，排除"黄赌毒"的内容，据此就可以推定网络信息存储服务提供者接触和认识到了涉嫌侵权的信息。第二步，认定网络服务提供者知道网络用户的侵权行为。这一步采取客观标准，如果涉嫌侵权的事实非常明显，像红旗一样高高飘扬，任何正常合理的人处于同样的情形都能合理地认为侵权行为存在，即可认定网络服务提供者知道网络用户的侵权行为。需要特别强调的是，美国版权法中的"红旗测试"规则，是采用间接证据认定网络服务提供者知道网络用户的侵权行为的司法认定方法，而不是认定网络服务提供者违反注意义务、具有过失而应当承担辅助侵权责任的方法。我们在借鉴"红旗测试"规则时，千万不能将其误解为判断网络服务提供者的主观过失的规则，而应当将其作为推定网络服务提供者知道网络用户的侵权行为的司法认定规则。

（三）各类知识产权侵权案件中"知道"要件的认定

根据法律的文义，《侵权责任法》第 36 条第 3 款的规定适用于所有类型的知识产权侵权案件。但是，由于著作权、商标权和专利权案件中的侵权认定规则差异巨大，因此，"知道"要件的认定也应当有不同的规则和标准。同时，由于著作权、商标权和专利权案件侵权的判断是非常复杂的专业问题，由网络服务提供者对此类专业问题进行判断，通常会超出其能力，如果对于"知道"要件的认定过于宽松，将导致大量的权利人依据《侵权责任法》第 36 条第 3 款的规定提起诉讼，势必冲击网络服务业的正常经营和发展。因此，对于"知道"要件的认定应当从严，尽量引导权利人通过《侵权责任法》第 36 条第 2 款中的"通知与删除"规则进行维权。

1. 著作权案件中"知道"要件的认定

著作权案件侵权的认定遵循"接触＋实质性相似"的规则。[1] 第一，被控侵权人接触过享有著作权的作品。一般而言，作品公开了，就可以推定被控侵权人接触过该作品。第二，被控侵权作品与据以主张权利的作品构成实质性近似。满足以上两个条件，且无抗辩事由的，一般认定侵权成立。但是，由于作品的比对非常复杂，合理使用情形的判断也非常复杂，法官、律师等专业人士判断起来也不容易，这么复杂的专业问题交给网络服务提供者去判断，确实勉为其难。因此，对于"知道"要件的认定应当从紧，不要轻易认定网络服务提供者"知道"网络用户实施了侵权行为，否则就对网络服务提供者提出了过高的专业要求，增加了网络服务业的从业门槛，妨害网络服务业的正常发展。

"知道"要件的推定，应当仅限于侵权事实非常明显、非常容易做出判断的情形。现举例予以分析。假设某网络用户未经许可将最新影片《疯狂的石头》上传到某网站平台上。首先，根据我国行政规章的要求，网络信息存储平台应当事先对平台上存储的信息进行"黄赌毒"审查，因此，网络信息存储平台在主观上当然会意识到该部电影。其次，该片是一步大片、新片，耗费了巨资，正常情况下，权利人不可能上传新拍的电影至网络平台供用户免费观看，因此，要判断涉案的《疯狂的石头》是网络用户未经许可上传的视频，并不难，任何正常的理性人均可以做出判断。从主、客观两个方面，足以作出网络信息平台知道网络用户非法上传《疯狂的石头》的结论。但是，假设网络用户未经许可上传了一张风景照片，权利人提起诉讼，

---

[1] 王迁：《知识产权法教程》，中国人民大学出版社 2011 年版，第 38 页。

认为网络服务提供者知道该网络用户实施了侵权行为，应当承担责任。法院对此应当谨慎对待。尽管风景照片可能构成作品，但由于通常情况下人们不大在乎一张普通风景照片的著作权问题，很多网络用户都愿意在网站上免费分享一些风景照片。在这种情况下，网络服务提供者很难判断该照片到底是未经许可上传的，还是权利人自己上传或者许可他人上传的。要求网络服务提供者作出这种判断，过于苛求。按照"红旗测试"规则，不应当认定网络服务提供者知道网络用户非法上传了上述风景照片。

2. 商标权案件中"知道"要件的认定

我国商标权案件侵权认定的标准遵循"商标相同或近似＋商品相同或类似"的标准，即只要被诉侵权商标与权利人的商标相同或近似，且被诉侵权商品与权利人的商标核准注册的商品相同或类似，又无抗辩事由的，一般都认定侵权成立。商标相同、商品相同的认定，非常容易，任何正常的理性人都能作出判断。但是，商标近似、商品类似的判断，不仅仅是一个事实问题，还是一个夹杂法律适用的复杂问题。商标近似、商品类似的判断遵循混淆可能性的标准，见仁见智，此案中判定为近似、类似，彼案中却可能判定为不近似、不类似。❶ 这么专业的问题交给网络服务提供者判断，有点勉为其难。因此，对于商标权案件中"知道"要件的认定，也应当从紧。首先，要判断网络服务提供者是否接触到了网络用户涉嫌侵权的信息。其次，要判断从涉嫌侵权的信息中是不是可以明显地得出侵权的结论。以淘宝网为例。淘宝网上的卖家千千万万，如果一个卖家未经

---

❶ 刘庆辉："我国商标近似、商品类似的判定：标准、问题及出路"，载《知识产权》2013 年第 4 期。

权利人许可出售标有普通商标的衣服。商标权人提起诉讼，认为淘宝网知道该卖家的侵权行为，应当承担连带责任。按照"红旗测试"的两步法，第一步，如何判断淘宝网接触到了该卖家标示的商品信息呢？如果没有特别的证据，很难得出肯定的结论。由于淘宝网只是提供商品交易信息的平台，并不负担审查卖家商品信息的义务，它不可能知道所有卖家的商品信息，对淘宝网提出这样的要求也不合理。因此，第一步很难通过。第二步，如何判断淘宝网知道涉案商品是侵害他人商标权的商品呢？如果权利人的商标只是一枚普通商标，该商标与涉案商品上的商标有些近似，商品类别也有区别，就很难通过第二步判断。因此，"知道"要件很难认定。对于这类案件，应当尽量通过《侵权责任法》第36条第2款规定的"通知与删除"规则来处理，而不要适用第3款的规定处理。

3. 专利权案件中"知道"要件的认定

首先，网络服务提供者并不负有调查专利权信息的义务，它不可能知道所有的专利权信息，因此，它无法判断产品是否是侵权产品。其次，专利侵权的判断是一个非常复杂的事实和法律问题，法律专业人士都难以轻易做出准确的判断，网络服务提供者更不可能轻易做出判断，因此，不应当将这样的问题交由网络服务提供者判断。基于此，专利权案件中"知道"要件的认定应当从紧。

六、"通知与删除"规则适用于所有知识产权案件吗

《侵权责任法》第36条第2款规定："网络用户利用网络服务实施侵权行为的，被侵权人有权通知网络服务提供者采取删除、屏蔽、断开链接等必要措施。网络服务提供者接到通知后未及时采取必要措施的，对损害的扩大部分与该网络用户承担

连带责任。"根据该款规定的文字含义，网络服务提供者接到知识产权权利人的通知后，应当及时采取必要措施，如未及时采取必要措施的，要对损害的扩大部分承担连带责任。这就是所谓的"通知与删除"规则。就字面含义而言，该款规定适用于所有的知识产权侵权案件，即知识产权权利人发现网络用户利用网络服务侵害其著作权、商标权及专利权的，都可以通知网络服务提供者采取删除、屏蔽、断开链接等必要措施，网络服务提供者接到通知后未及时采取必要措施的，对损害的扩大部分与该网络用户承担连带责任。司法实践中，如果按此字面含义适用法律，是否合理，有待商榷。

美国法中，仅 DMCA 明确规定了"通知与删除"规则，商标法和专利法并未规定该项规则。因此，该项规则通常适用于侵害版权案件。商标案件中，法院通常基于普通法中的辅助侵权责任的法理，对网络服务提供者是否承担辅助侵权责任作出认定。专利案件，则几乎不适用"通知与删除"规则。美国法的规定和司法实践可以为我们解释和适用《侵权责任法》第36条第2款的规定提供一个视角。

《侵权责任法》第36条第2款确立的"通知与删除"规则，其背后的法理仍然是帮助侵权责任规则，其预设的逻辑是：权利人通知网络服务提供者后，就可以认定网络服务提供者知道网络用户的侵权行为，如果其不采取删除措施，继续为该网络用户提供网络服务的，构成故意的帮助侵权行为，应当承担帮助侵权责任。但是，问题在于，一旦知识产权权利人通知了网络服务提供者，就足以认定网络服务提供者知道网络用户的侵权行为吗？未必如此。比如，在网络服务提供者根据知识产权权利人发送的通知无法定位被控侵权物并进行初步的侵权比对和判断的情况下，就无法认定网络服务提供者知道网络用户的侵权行为，此时机械适用《侵权责任法》第 36 条第 2 款的规定，就会违背帮助侵权责任的基本法理。实际上，该款规定的"通知"是使网络服务提供者知道网络用户的侵权行为的一种途径。但是，"通知"只能使网络服务提供者可能知道但未必一定知道网络用户的侵权行为。该款规定预设了一个前提——权利人发送的通知一定能使网络服务提供者知道网络用户的侵权行为，这种预设存在缺陷。因此，该款规定的调整范围过大，存在缺陷，应当通过法律解释技术，弥补其缺陷，限缩其适用范围，将其与第 36 条第 3 款的适用标准协调起来。解释的方法是，在该款规定中增加一个"知道"要件，将该款规定限缩为"网络服务提供者接到通知后，知道网络用户的侵权行为，未及时采取必要措施的，对损害的扩大部分与该网络用户承担连带责任。"司法实践中，我们应当判断，根据知识产权权利人发送的通知是否能够认定网络服务提供者知道网络用户的侵权行为，只有得出肯定结论的时候，适用该款规定才具有正当性，否则就违背了帮助侵权责任的基本法理，缺乏正当性。

下面，结合不同类型的案件进行阐述。

（一）侵害著作权案件

最高人民法院法释〔2012〕20 号文件第 13 条规定："网络服务提供者接到权利人以书信、传真、电子邮件等方式提交的通知，未及时采取删除、屏蔽、断开链接等必要措施的，人民法院应当认定其明知相关侵害信息网络传播权行为。"该条规定系对《侵权责任法》第 36 条第 2 款规定在著作权领域的适用所作的解释。据此，只要网络服务提供者收到了著作权人的通知，法院就应当认定其明知网络用户实施的侵害信息网络传播权的行为，如果网络服务提供者未采取删除、屏蔽、断开链接等必要措施的，法院就应当判决网络服务提供者承担连带责任。因此，基于最高人民法院法释〔2012〕20 号文件第 13 条的规定，《侵权责任法》第 36 条第 2 款的规定适用于侵害信息网络传播权的案件。本书认为，《侵权责任法》第 36 条第 2 款并未对"通知"的要素作出明确规定，该司法解释也未对"通知"的要素作出明确规定，在解释和适用前述规定时应当按照《信息网络传播权保护条例》第 14 条的要求，审查"通知"的形式要素，在"通知"的形式合格的情况下，适用上述规定基本才合理，理由如下。

第一，在侵害信息网络传播权的案件中，对于信息存储平台提供者而言，侵权作品存储于其信息存储平台上，一旦信息存储平台提供者收到了权利人发送的合格的侵权通知，可以很容易地定位侵权作品，并进行初步的侵权比对和判断，得出该作品是否是侵权作品的初步结论。因此，只要权利人发送了合格的通知，基本上就可以认定平台提供者知道网络用户实施的侵害信息网络传播权的行为，如果信息存储平台提供者未采取必要措施，就应当承担帮助侵权连带责任。对于搜索引擎服务商而言，它也可以根据权利人发送的合格侵权通知准确定位侵权作品，并进行判断，因此，该项规则同样可以适用。

第二，网络上的侵权作品往往是网络用户免费共享的，网络服务提供者收到权利人发送的侵权通知后，采取删除等必要措施的，即使该通知和删除措施事后被司法认定为错误的，对网络用户而言，其损失也很小。也就是说，错误的通知和删除措施给网络用户造成的损失通常很小。但是，如果网络服务提供者不采取删除措施，却可能给权利人造成巨大的损失。因此，网络服务提供者收到权利人发生的侵权通知后，采取删除措施，是合理的，不采取删除措施则承担连带责任，也是合理的。

第三，被投诉的相关作品是否构成侵权作品的判断，并不十分困难，要求网络服务提供者作出初步的判断，并非不合理。

综上，《侵权责任法》第 36 条第 2 款规定可以适用于侵害信息网络传播权案件。但是，《侵权责任法》第 36 条第 2 款规定并未对权利人作出的通知的要素进行明确规定，最高人民法院法释〔2012〕20 号文件亦未对权利人作出的通知的要素进行明确规定，如果该通知在形式上不合格，既不包括涉嫌侵权的信息，也不包括权利人的权利信息，而只是一个笼统的指控，以至于网络服务提供者无法定位侵权信息，无法进行侵权比对和判断，这样就无法认定网络服务提供者知道网络用户的侵权行为。在此情况下，法院应当通过法律解释技术，确认网络服务提供者未采取删除等必要措施的行为并无不当。解释的方法是，在该款规定中增加一个"知道"要件，将该款规定限缩为"网络服务提供者接到通知后，知道网络用户的侵权行为，未及时采取必要措施的，对损害的扩大部分与该网络用户承担连带责任。"

（二）侵害商标权案件

对于电子商务平台上网络卖家销售商品过程中实施的侵害商标权的行为，电子商务平台为该侵害行为提供了客观上的帮助，如果电子商务平台知道该侵害行为，未采取措施的，构成故意的帮助侵权行为，应当承担帮助侵权责任。问题在于，若商标权人向电子商务平台提供者作出了合格的侵权通知，电子商务平台提供者未采取删除等措施，能不能就此认定电子商务平台知道网络卖家的侵权行为并故意实施帮助行为？

首先，网络卖家一般会将商品的商标等信息公布在电子商务平台上，一旦商标权人向电子商务平台提供者作出了合格的侵权通知，平台提供者可以容易地定位该商品的商标信息，并将该商标与商标权人的商标可以进行比对和判断，得出是否侵权的初步结论。

其次，电子商务平台提供者是专门的经销商，就商标进行侵权比对和判断，这一要求并不比信息存储平台进行作品侵权比对的难度大，而且，电子商务平台通过平台营利，配备一定的专业人员，亦属合理，并不过分。

因此，原则上，只要商标权人作出的通知是合格的，足以让电子商务平台提供者定位相关侵权信息并进行初步的侵权判断，就可以认定其知道网络卖家的侵权行为，如果电子商务平台提供者在此种情况下未采取删除等必要措施，则应当承担责任。

但是，该规则对侵害商标权案件的适用不是绝对的，还应当有例外。正如前述，法院在司法中应当将该款规定限缩为"网络服务提供者接到通知后，知道网络用户的侵权行为，未及时采取必要措施的，对损害的扩大部分与该网络用户承担连带责任。"因此，在个案中需要判断，在案证据是否能够认定网络服务提供者收到"通知"后知道网络用户的侵权行为。例如，对于权利人主张驰名商标权利的案件，如果权利人向网络服务提供者作出的通知并没有附驰名商标的知名度证据，网络服务提供者根本无从知道网络卖家的销售行为是否侵害了该权利人的驰名商标权利，在此情况下要求其采取删除措施，极有可能损害网络卖家的商业利益，并不合理。

综上，"通知与删除"规则原则上可以适用于侵害商标权案件，但应当根据个案情况而定，不能简单地认为该规则适用于所有的侵害商标权案件。

(三) 侵害专利权案件

对于电子商务平台上网络卖家销售商品过程中实施的侵害专利权的行为，电子商务平台为该侵害行为提供了客观上的帮助，如果电子商务平台知道该侵害行为，未采取措施的，构成故意的帮助侵权行为，应当承担帮助侵权责任。问题在于，若专利权人向电子商务平台提供者作出了合格的侵权通知，电子商务平台提供者未采取删除等措施，能不能就此认定电子商务平台知道网络卖家的侵权行为并故意实施帮助行为？本书认为，原则上不能作此认定，理由如下。

第一，被指控的专利侵权产品由网络卖家掌控，电子商务平台提供者并不掌控、接触专利侵权产品，即使其收到了专利权人作出的合格的侵权通知，由于其不掌控侵权产品，无法进行专利侵权的比对和判断，因此，收到侵权通知这一事实，只能证明其有理由怀疑网络卖家实施了专利侵权行为，无法证明其知道网络卖家实施了侵害专利权的行为。在此情况下，如果因为电子商务平台提供者未采取删除等必要措施，而要其承担连带责任，则违背了帮助侵权责任以"知道""故意"为要件的基本法理。

第二，专利的侵权判断非常复杂，发明专利、实用新型专利侵权案件涉及复杂的技术特征比对，电子商务平台提供者通常没有能力做出判断，即使是侵害外观设计专利权的案件，也涉及比较复杂的外观设计要素的比对，要求电子商务平台提供者做出侵权判断，过于苛刻。

如前所述，《侵权责任法》第36条第2款的规定具有一定缺陷，法院在司法实践中应当将该款规定限缩为"网络服务提供者接到通知后，知道网络用户的侵权行为，未及时采取必要措施的，对损害的扩大部分与该网络用户承担连带责任。"由于电子商务平台提供者一般情况下无法根据权利人作出的通知进行初步的侵权判断，无从知道网络卖家的行为是否侵害权利人的专利权，因此，该款规定原则上不适用于侵害专利权案件。

但是，对于侵害外观设计专利权的案件，如果网络卖家在电子商务平台上公布了商品的全部外观，电子商务平台提供者根据权利人作出的通知，足以作出初步的侵权判断的，则不能排除该项规则的适用。

综上，对于侵害发明和实用新型专利权案件，《侵权责任法》第 36 条第 2 款规定的"通知与删除"规则不能适用；对于侵害外观设计专利权案件，该项规则原则上也不得适用，但是，如果电子商务平台提供者根据权利人作出的通知，足以作出初步的侵权判断的，则不能排除该项规则的适用。

七、对《侵权责任法》第 36 条第 2 款中"必要措施"的扩大解释

笔者在上文中主张对《侵权责任法》第 36 条第 2 款进行限缩性的解释，解释方法是在该款规定中增加一个"知道"要件，限缩为"网络服务提供者接到通知后，知道网络用户的侵权行为，未及时采取必要措施的，对损害的扩大部分与该网络用户承担连带责任"。笔者还对该项规定是否适用于侵害著作权、商标权及专利权案件进行了阐述。当然，上文观点的前提是对"必要措施"作一个狭义的理解，即限于"删除、屏蔽、断开链接"等直接阻断网络用户行为效果的措施。

司法实践中也存在另一种解释路径，即对《侵权责任法》第 36 条第 2 款规定中的第二个"必要措施"作一个扩大的解释，不限于"删除、屏蔽、断开链接"等措施，还包括"转通知"等措施。这实际上是对该款规定中前后两个"必要措施"作不同的理解。对于第一个"必要措施"而言，专利权人通知网络服务提供者采取的"必要措施"，当然是"删除、屏蔽、断开链接"等直接阻断网络用户行为效果的措施，而不可能是

"转通知"措施（即要求网络服务提供者"转通知"被指控的网络用户）。对于第二个"必要措施"而言，司法实践中将其解释为不限于"删除、屏蔽、断开链接"等措施，还包括"转通知"等措施。这种解释方法扩大了"必要措施"的范围，创设了"通知—转通知"规则。下面举例予以说明。

在威海嘉易烤生活家电有限公司（简称"嘉易烤公司"）诉浙江天猫网络有限公司（简称"天猫公司"）及永康市金仕德工贸有限公司（简称"金仕德公司"）侵害发明专利权纠纷案❶中，嘉易烤公司是专利号为 ZL200980000002.8、名称为"红外线加热烹调装置"的发明专利权的权利人，金仕德公司未经嘉易烤公司许可在天猫商城等网络平台上宣传并销售侵犯涉案专利权的产品。嘉易烤公司向淘宝网知识产权保护平台上传了包含专利侵权分析报告和技术特征比对表在内的投诉材料，但淘宝网经审核后对该投诉材料作出"审核不通过"的处理意见，未采取"必要措施"。嘉易烤公司遂以金仕德公司未经其许可在天猫商城等网络平台上宣传并销售侵犯涉案专利权的产品，构成专利侵权；天猫公司在嘉易烤公司投诉金仕德公司侵权行为的情况下，未采取有效措施，应与金仕德公司共同承担侵权责任为由，诉至法院。

一审法院认为：被控侵权行为落入涉案专利权的保护范围，金仕德公司应当承担停止侵权、赔偿损失的民事责任；嘉易烤公司提交的投诉材料符合天猫公司的格式要求，在其上传的附件中也以图文并茂的形式对技术要点进行比对，但天猫公司仅对该投诉材料作出"审核不通过"的处理，未尽到合理的审查义务，也未采取必要的措施防止损害扩大，根据《侵权责任法》

---

❶ 参见浙江省高级人民法院（2015）浙知终字第 186 号民事判决书。

第 36 条第 2 款的规定，应当对损害扩大的部分与金仕德公司承担连带责任。

二审法院认为：《侵权责任法》第 36 条第 2 款所规定的网络服务提供者接到通知后所应采取必要措施包括但并不限于删除、屏蔽、断开链接。"必要措施"应根据所侵害权利的性质、侵权的具体情形和技术条件等来加以综合确定。本案中，在确定嘉易烤公司的投诉行为合法有效之后，需要判断天猫公司在接受投诉材料之后的处理是否审慎、合理。天猫公司作为电子商务网络服务平台的提供者，基于其公司对于发明专利侵权判断的主观能力、侵权投诉胜诉概率以及利益平衡等因素的考量，并不必然要求天猫公司在接受投诉后对被投诉商品立即采取删除和屏蔽措施，对被诉商品采取的必要措施应当秉承审慎、合理原则，以免损害被投诉人的合法权益。但是，将有效的投诉通知材料转达被投诉人并通知被投诉人申辩当属天猫公司应当采取的必要措施之一。否则权利人投诉行为将失去任何意义，权利人的维权行为也将难以实现。网络服务平台提供者应该保证有效投诉信息传递的顺畅，而不应成为投诉信息的黑洞。被投诉人对于其生产或销售的商品是否侵权，以及是否应主动自行停止被投诉行为，自会作出相应的判断及应对。然而，天猫公司未履行上述基本义务的结果导致被投诉人未收到任何警示从而造成损害后果的扩大。综上，天猫公司在接到嘉易烤公司的通知后未及时采取必要措施，对损害的扩大部分应与金仕德公司承担连带责任。

笔者认为，上述裁判具有一定的造法性质，为《侵权责任法》第 36 条第 2 款确立了"通知—转通知"规则，即在网络服务提供者收到权利人的"通知"（投诉材料）之后，即使不采取"删除、屏蔽、断开链接"措施，至少也应当向被指控的网络用户转送权利人的"通知",要求该网络用户在一定时间内"答辩"。也就是说,法院在适用《侵权责任法》第36条第2款规定时,即使不贯彻"通知与删除"规则,也应当贯彻"通知—转通知"规则。

上述裁判规则和笔者上文主张的解释方法并不矛盾。笔者主张在适用第36条第2款规定的"通知—删除"规则时,要增加"知道"要件,只有网络服务提供者收到权利人的"通知"后知道侵权行为的,才应当采取"删除、屏蔽、断开链接"的措施;根据权利人的"通知"无法知道侵权行为是否成立的,就无需采取"删除、屏蔽、断开链接"的措施。但是,即使网络服务提供者无需采取"删除、屏蔽、断开链接"措施,也不意味着其无需采取"转通知"措施。诚如上述(2015)浙知终字第186号民事判决书所言,如果网络服务提供者收到权利人的投诉"通知"之后,既不采取"删除、屏蔽、断开链接"措施,又不将权利人的投诉材料"转通知"被指控的网络用户,则权利人的投诉行为将失去任何意义,权利人的维权行为也将难以实现。

八、对《侵权责任法》第36条第2款规定的检讨和完善

首先,《侵权责任法》第36条第2款只规定了"通知与删除"规则,未规定"转通知"规则、"反通知"规则及"恢复"规则,对于网络服务提供者和网络用户不太公平。在"通知"可能出现错误的情况下,网络服务提供者无论是否采取删除措施,都面临风险。这种规则设计并没有使网络服务提供者成为一个完全的中立角色,而使其承担了一定的风险,可能对网络服务提供者施加了过重的负担。

其次,《侵权责任法》第36条第2款并未像《信息网络传播权保护条例》第14条一样明确规定"通知"的构成要素,如

果权利人只是作出了一个笼统的通知，例如，该通知既不包括涉嫌侵权的信息，也不包括权利人的权利信息，而只是一个笼统的指控，网络服务提供者无法定位侵权信息，无法进行侵权比对和判断，这样就无法认定网络服务提供者知道网络用户的侵权行为。

最后，《侵权责任法》第36条第2款背后的法理是帮助侵权责任，但与帮助侵权责任的法理并不完全相符。帮助侵权责任的构成应当具备"知道"要件，只有帮助人知道了直接侵权行为人的侵权行为，还提供帮助的，才具有帮助的故意，才应当承担帮助侵权连带责任。权利人向网络服务提供者发送了侵权通知，这一事实并不足以证明网络服务提供者知道网络用户实施了侵权行为。例如，在通知不合格的情形下，网络服务提供者无法定位侵权信息，无法进行侵权判断，因此，不可能知道网络用户的侵权行为。又如，在专利案件中，网络服务提供者并不掌控网络用户的被控侵权产品，无法进行侵权判断，而且由于专利的侵权比对非常复杂，网络服务提供者无法做出判断。因此，仅仅收到权利人发出的侵权通知，只能证明网络服务提供者有理由怀疑网络用户实施了侵权行为，并不能证明其知道网络用户实施了侵权行为。"有理由怀疑"达不到"知道"要件标准，不符合帮助侵权责任构成要件。

综上，《侵权责任法》第36条第2款规定略显简略，存在缺陷，如果按字面含义适用该款规定，可能背离帮助侵权责任的基本法理，造成不公。法院在司法中应当通过目的性限缩的法律解释技术❶，限缩其适用范围，弥补其缺陷。如前所述，解

---

❶ ［德］卡尔·拉伦茨：《法学方法论》，商务印书馆2003年版，第267~272页；黄茂荣：《法学方法与现代民法》，法律出版社2007年版，第495~498页。

释的方法是，在该款规定中增加一个"知道"要件，将该款规定限缩为"网络服务提供者接到通知后，知道网络用户的侵权行为，未及时采取必要措施的，对损害的扩大部分与该网络用户承担连带责任。"如此解释和适用法律，则提出了几项具体的要求：第一，权利人作出的通知必须符合形式上的要求，对此，可参照我国《信息网络传播权保护条例》第 14 条的规定；第二，法院应当判断网络服务提供者收到权利人作出的通知后，是否足以知道网络用户的侵权行为。当然，即使网络服务提供者根据权利人的"通知"无法知道侵权行为是否成立，无需采取"删除、屏蔽、断开链接"措施的，也不意味着其无需采取"转通知"措施。

九、帮助侵权行为与狭义共同侵权行为的区分认定

民法上的共同侵权行为有广义和狭义之分。《侵权责任法》制定实施之前，我国民法采广义的共同侵权制度，将共同加害行为、共同危险行为、教唆帮助行为以及数人分别实施直接结合产生同一损害后果的行为（行为关联共同侵权行为）都规定为或者视为共同侵权行为。❶《侵权责任法》对共同侵权制度进行了改造，《侵权责任法》概念体系下的共同侵权行为仅指第 8 条调整的狭义共同侵权行为，第 9 条调整的教唆、帮助行为和第 10 条调整的共同危险行为均系学理概念上的广义共同侵权行为，第 11 条及第 12 条调整的行为也属于传统学理意义上广义共同侵权行为的范畴。

尽管我们可以说帮助侵权行为是广义共同侵权行为的一种

---

❶ 参见《民法通则》第 130 条、《最高人民法院关于贯彻执行〈中华人民共和国民法通则〉若干问题的意见（试行）》第 148 条、《最高人民法院关于审理人身损害赔偿案件适用法律若干问题的解释》第 3 条第 1 款、第 4 条。

类型，但是，在目前《侵权责任法》的概念体系下，共同侵权行为仅指第 8 条调整的狭义上的共同侵权行为，帮助侵权行为是第 9 条调整的独立类型，为了维护法律概念体系的逻辑，在司法实践中有必要区分帮助侵权行为与共同侵权行为。

在帮助侵权行为类型中，帮助人与行为人之间没有共同过错和共同行为。虽然帮助人与行为人都实施了行为，但他们的行为是彼此独立的，不能作为一个整体行为予以评价，而只能分别评价。帮助人和行为人都有过错，但是过错的内容不同，没有共同性，不能一体评价。帮助人的过错在于其故意帮助行为人实现其加害行为，行为人的过错在于其故意或过失违反其作为法律秩序共同体成员应当遵守的尊重和避让他人权利的义务。

在第 8 条调整的狭义共同侵权行为类型中，所有行为人都是实行行为人，他们之间具有共同行为和共同过错。首先，他们的行为是共同的，是侵权损害产生的共同原因，欠缺其中一个行为，侵权损害后果不会发生或者侵权损害后果会不一样。行为的共同性，表现为行为的整体性，即每个行为人的行为均是造成侵权损害后果的行为整体的不可分割的部分，在法律上应当一体评价，而不应当分别评价。比如在分工合作的共同侵权情形中，所有的行为人分工合作，共同配合，致力于实现一个统一的目标，每个行为人的行为均是整体行为中的一部分，各自行为合并起来共同构成侵权损害的共同原因。其次，狭义共同侵权行为中各行为人的过错是共同的，即过错的内容大致相同或相似，均系故意或过失违反其作为法律秩序共同体成员应当遵守的尊重和避让他人权利的义务。共同过错的类型，包括故意与故意的结合、故意与过失的结合、过失与过失的结合三种形态。❶ 下面结合司法案例进行讨论。

在原告湖南快乐阳光互动娱乐传媒有限公司（简称"快乐阳光公司"）与被告深圳市同洲电子股份有限公司（简称"同洲电子公司"）、北京京东世纪信息技术有限公司（简称"京东世纪公司"）侵害著作权纠纷一案❷中，快乐阳光公司经授权，自 2006 年 6 月 30 日起至 2016 年 6 月 30 日期间享有电视剧《丑女无敌》独占性的信息网络传播权。2014 年 7 月 23 日，快乐阳光公司的委托代理人通过域名为 jd.com 的京东商城网站从京东世纪公司以 499 元的价格购买了同洲电子公司生产的涉案"飞看 K1 互联网智能机顶盒"。在该机顶盒附随的使用指南对其功能的介绍中，有如下内容"海量影视资源——提供海量网络影视资源，精彩大片与家庭一同分享""多屏互动多屏互动是指本机与智能手机/PAD 等移动终端设备的互动，包括摸摸看、投投看、用手机/PAD 遥控电视机等"。在该机顶盒包装上显示有"飞看 youku 优酷，联合出品"。2014 年 8 月 11 日，快乐阳光公司的委托代理人将其购买的涉案机顶盒接入互联网和电视机。开机后，电视机屏幕显示"飞看非看不可 youku 优酷 联合出品"。随后，电视机屏幕显示首页屏幕，在该首页上方显示有导航条"首页、影视、应用、游戏、资讯、用户"，下方显示有"播放历史""搜索""谍战剧专区""迪士尼专区"等专区。使用遥控器点击导航条中的"影视"，在屏幕上显示有"最新""电影""综艺""动漫""纪录片""综合""电视剧""精选专区""youku 优酷专区"。返回首页，点击"搜索"专区，然后在搜索框中输入"cnwd"，能够搜索到涉案电视剧《丑女无敌》

---

❶ 曹险峰：《数人侵权的体系构成——对侵权责任法第 8 条至第 12 条的解释》，载《法学研究》2011 年第 5 期。

❷ 参见北京市朝阳区人民法院（2014）朝民（知）初字第 41839 号民事判决书。

的海报，点击该海报后在出现的屏幕上显示该电视剧的影片详情，包括剧照、导演、主演、类型、内容介绍等，点击下方的"第1集"图标，能够正常播放该电视剧的第1集，点击下方的"选集"图标，能够查找到该电视剧的其余集数，并能够正常播放。

上述涉案机顶盒中内置了合一公司的"优酷 TV 客户端软件"，通过该软件，能够播放合一公司服务器上存储的视频内容。上述通过涉案机顶盒播放的涉案电视剧即是通过该软件播放的存储在合一公司服务器上的视频。为此，合一公司与同洲电子公司曾签订有《合作开展 OTT 电视互联网业务战略合作协议》，约定的主要内容如下：同洲电子公司已和国家广电总局下发的合法电视互联网业务牌照商 CIBN 合作，获得其 OTT 电视互联网业务授权，与其合作开展 OTT 电视互联网业务。合一公司专注于视频领域，是中国网络视频行业领军企业，系真正意义的互联网电视媒体平台。双方决定结为战略合作伙伴，倾注各自资源共同在同洲电子公司运营的"OTT TV"终端上基于多屏互动操作，打造能将电视内容与互联网内容相关联的全新"OTT TV"业务，双方联合在同洲电子公司"OTT TV"覆盖区域开展业务运营。"OTT TV"业务是指在国家广电总局的许可范围内，通过引入合法牌照商，为用户提供直播节目的时移回看、点播视频以及互联网应用服务。双方合作的客户端产品包含但不限于"飞看"客户端，即同洲电子公司基于移动终端（包括但不限于手机或 PAD）开发的支持"摸摸看"和"投投看"功能的移动终端客户端产品，能够实现多屏互动业务。双方现阶段首先将现有的"优酷土豆 TV 版客户端"移植到同洲电子公司全部"OTT TV"终端中（包括 DVB + OTT），同时双方联合开展"OTT TV（优酷内置）"、单片点播、定向广告投放、收视率调查等增值业务等全新产品的策划、开发和推广。"OTT TV（优酷内置）"是指在 OTT TV 对接优酷 TV 的推荐、搜索、专题、排行等接口，由优酷提供 CDN 服务，用户可以便捷地进行 OTT 视频点播。同洲电子公司负责引入合符合国家法律的 OTT 业务牌照商，并建设"OTT TV"业务运营平台。双方共同就合作业务的产品形态、功能、交互逻辑进行定义，由同洲电子公司负责合作业务在 OTT TV 终端、手机客户端的系统开发和集成工作，合一公司负责提供相应的技术配合及开发工作。合一公司负责提供双方合作所需的 OTT 视频内容，并与同洲电子公司的媒资库进行技术对接，进而与 OTT 牌照商播控平台对接，合一公司与同洲电子公司各自负责其中对应的技术接口开发工作，以确保相关视频内容在技术上能够通过 OTT 牌照商的审核、发布。"OTT TV（优酷内置）"中的视频可植入视频、图片广告，广告形式（包含广告位置、时长、频度等）由双方另行签署项目协议共同确定。收入分配原则为：合一公司签约的广告所有收益为合一公司所有，同洲电子公司签约的广告收益双方按照除去播放运营成本后的可分配收益进行分账，具体分账细节双方另行签署项目协议。合一公司负责其提供的 OTT 视频内容的策划、编排、预发布工作，同洲电子公司具有二次编排、发布及终审的权利。同洲电子公司与合一公司共建运营平台，各项内容推荐以优酷为主，其他内容方节目（如优酷未能提供），经过与同洲电子公司合作的 OTT 牌照商同意后，可以接入运营平台。本协议为战略合作协议，是为双方正式合作协议、合作方向的指导性协议，双方约定在战略合作协议指导下就各合作项目另行签署项目合作协议。本合同有效期自 2013 年 9 月 23 日至 2016 年 9 月 23 日。在上述战略合作协议下，就在同洲电子公司客户端产品中植入合一公司的客户端软件事宜，双方又签订了

《软件许可协议》，约定的主要内容如下：合一公司将其享有权利的名为"优酷 TV 客户端软件"的软件许可给同洲电子公司内置于其客户端产品中使用。合一公司通过集成在同洲电子公司产品上的许可软件所提供的音视频内容需经过 CIBN 的审核通过后，方可对外发布，音视频内容的审核和接入由合一公司与 CIBN 对接完成。合一公司对本协议项下通过许可软件所提供的音视频内容拥有最终的决定权。该音视频内容存放于合一公司的服务器内。合一公司依法享有基于许可软件上所载的音视频内容的相关权利，合一公司将会通过许可软件向同洲电子公司及其关联方或最终用户提供相关的音视频内容。合一公司和同洲电子公司均需确保其许可软件及产品平台所包含或发布信息（包括音视频内容）不涉及违反法律法规、损害公序良俗、侵害他人合法权益等的内容。该合同有效期自 2013 年 10 月 23 日至 2016 年 10 月 22 日。

法院认为：在互联网环境下，信息的传播往往需要同时借助于各种软硬件产品、信息网络技术、信息网络平台等，直接或间接参与到信息传播行为中的往往是多种行为主体、多种行为方式，故该种信息传播通常体现出主体多数性、行为多样性等特点。在此情况下，判断各种行为主体是否构成"以分工合作等方式共同提供作品"时，不应当仅因其行为涉及了被诉侵权信息的传播或其行为与被诉侵权信息的传播有一定的关联性即认定其构成"以分工合作等方式共同提供作品"，否则会不适当地扩大直接侵权行为的范围，阻碍网络技术和互联网商业模式的发展，违背技术中立原则。各行为方是否构成"以分工合作等方式共同提供作品"，除需要考察其各自的行为客观上对被诉侵权信息传播起到了不可或缺的作用外，还需要重点考察各行为方是否对共同传播作品等内容达成了合意。如一方仅向对方提供软硬件产品或网络技术等，双方仅就此达成合意，合意内容不涉及通过该软硬件产品或网络技术等提供作品等内容的，那么双方不构成"以分工合作等方式共同提供作品"。如一方提供软硬件产品或网络技术，一方提供作品等内容，双方具有利用该软硬件产品或网络技术向网络用户提供该作品等内容的共同意思联络的，则属于双方达成了共同向网络用户提供作品等内容的合意，双方即属于"以分工合作等方式共同提供作品"，此时提供软硬件产品或网络技术一方的行为不属于上述司法解释规定的"仅提供自动接入、自动传输、信息存储空间、搜索、链接、文件分享等网络服务"的行为。本案中，涉案机顶盒之所以能够在线播放涉案电视剧，是因为该机顶盒中内置了案外人合一公司的客户端软件，利用该客户端软件播放了合一公司服务器中存储的涉案电视剧。从双方的客观行为来看，同洲电子公司是涉案机顶盒的硬件生产商，合一公司是客户端软件及涉案电视剧内容的提供者，两者共同促成了涉案电视剧通过涉案机顶盒的在线传播。更为重要的是同洲电子公司和合一公司之间的合作并不是仅仅限于合一公司只提供客户端软件供同洲电子公司使用在其机顶盒上，双方还对通过该客户端软件向用户提供存储在合一公司服务器中的视频内容达成了充分的合意，而且双方约定同洲电子公司对视频内容具有二次编排、发布及终审的权利，视频内容也需要通过同洲电子公司引入的互联网电视牌照方 CIBN 的审核后方可对外发布，同洲电子公司和合一公司还均需确保视频内容不得侵害他人合法权益，双方共建运营平台，对广告分配收益也作出了约定等，且在涉案机顶盒包装及开机界面上也明确标明"飞看 youku 优酷 联合出品"，故同洲电子公司和合一公司之间的合作已经不仅仅限于软硬件方面的合作，而是涉及了共同向网络用户提供作品等内容方面的合作，即双方对通过在涉案机顶盒上内置合一公司的软件向网络用户提供视频内容，有共同的意思联络。综上，同洲电子公司和合一公司的涉案行为属于"以分工合作等方式共同提供作品"的行为。在快乐阳光公司使用涉案机顶盒在线播放涉案电视剧时，同洲电子公司和合一公司并无涉案电视剧的合法授权，故同洲电子公司侵害了快乐阳光公司对涉案电视剧享有的信息网络传播权。

　　上述案例是一起典型的分工合作、共同实施侵权行为的案例，法院的判决无疑是正确的。首先，同洲电子公司和合一公司的行为构成整体的侵权行为，是侵权损害发生的共同原因。从双方的客观行为来看，同洲电子公司是涉案机顶盒的硬件生产商，合一公司是客户端软件及涉案电视剧内容的提供者，两者共同促成了涉案电视剧通过涉案机顶盒的在线传播。而且，同洲电子公司和合一公司之间的合作并不是仅仅限于合一公司只提供客户端软件供同洲电子公司使用在其机顶盒上，双方还对通过该客户端软件向用户提供存储在合一公司服务器中的视频内容达成了充分的合意，而且双方约定同洲电子公司对视频内容具有二次编排、发布及终审的权利，视频内容也需要通过同洲电子公司引入的互联网电视牌照方 CIBN 的审核后方可对外发布，同洲电子公司和合一公司还均需确保视频内容不得侵害他人合法权益，双方共建运营平台，对广告分配收益也作出了约定等，且在涉案机顶盒包装及开机界面上也明确标明"飞看 youku 优酷　联合出品"，故同洲电子公司和合一公司之间的合作已经不仅仅限于软硬件方面的合作，而是涉及了共同向网络用户提供作品等内容方面的合作，即双方对通过在涉案机顶盒上内置合一公司的软件向网络用户提供视频内容，有共同的意思联络。因此，同洲电子公司和合一公司的行为构成一个完整的整体行为，应当一体评价，而不应当分别评价。其次，同洲电子公司和合一公司对于分工合作、共同提供视频内容具有充分的合意，因此它们对于提供侵权视频具有共同的过错，其过错内容是一样的。综上，同洲电子公司和合一公司的涉案行为属于"以分工合作等方式共同提供作品"的行为，他们对于侵权损害的发生具有共同过错和共同行为，共同侵害了快乐阳光公司对电视剧《丑女无敌》享有的独占性信息网络传播权。

但是，有的司法判决的思路值得讨论。例如，在原告麦家与被告苹果公司及第三人艾通思有限责任公司侵害信息网络传播权纠纷一案❶中，苹果公司（官方网址为：http://www.apple.com）在其网站上经营网上应用程序商店 App Store，提供应用程序的销售服务。该 App Store 中，一类应用程序由苹果公司自主开发，另一类程序由第三方应用程序开发商开发。第三方应用程序开发商如果想开发应用程序并在 App Store 上销售，首先必须在苹果公司的官方网站（www.apple.com）注册开发商账号并与苹果公司签订《已注册的 APPLE 开发商协议》，取得开发商注册账号。随后还要在苹果公司的官方网站上签署《iOS 开发商计划许可协议（包括附表 1）》，并填写含有信用卡账号、电子邮箱地址、申请人签名等内容的《订购表格》，并将其传真至苹果公司在美国的指定传真电话，经过苹果公司从开发商信用卡中扣款 99 美元并须经开发商在线同意并签署《iOS 开发商计划许可协议（附录 2）》，方可获得在 App Store 发布收费应用程序的资格，并通过 iTunes Connect 上传和设定应用程序的发布情况。

❶ 参见北京市第二中级人民法院（2012）二中民初字第 5279 号民事判决书、北京市高级人民法院（2013）高民终字第 2619 号民事判决书及最高人民法院（2015）民申字第 1298 号民事裁定书。

根据苹果公司在其网站上发布的《App Store 审核指南》和《iOS 开发商计划许可协议》，苹果公司提供应用程序开发软件平台和工具，应用程序开发商借助该软件开发平台和工具，独立开发应用程序，然后将开发好的应用程序提交给苹果公司，苹果公司对应用程序进行审核，并决定是否对外销售。销售的方式有三种：（1）被苹果公司挑选并通过 App Store 分销；（2）被苹果公司选中并通过 VPP/B2B 计划网站分销；（3）在已注册装置上进行特别分销。应用程序的定价由程序开发商负责，所得销售收入在苹果公司和程序开发商之间按照3∶7的比例分享。

另外，根据《已注册的 APPLE 开发商协议》的约定，已注册的 Apple 应用程序开发商与苹果公司之间不存在合作或代理开发程序的关系，开发商独立开发应用程序后提交给苹果公司，由后者在其 App Store 中进行销售。

《暗算》《风声》《解密》三部书籍由浙江文艺出版社出版，版权人系麦家；《风语》《风语 2》由金城出版社出版，版权人系麦家。苹果公司开发的 IPod touch 产品中内嵌了"热播男人剧集""最经典谍战小说合集""茅盾文学奖全集"三个 App Store 应用程序（简称"涉案应用程序"）。涉案应用程序"热播男人剧集"的开发者为在苹果公司网站平台上注册的程序开发商"appbox"，该程序中含有《暗算》《风声》《风语》《解密》四部涉案作品；涉案应用程序"最经典谍战小说合集"的开发者为"Sheep House"，该应用程序中含有《暗算》《风语》《解密》三部涉案作品；涉案应用程序"茅盾文学奖全集"的开发者为"appstudio2008"，该应用程序中含有《暗算》一部作品。

一审法院认为，苹果公司是应用程序商店 App Store 的经营者，为涉案应用程序的开发者上传涉案应用程序供公众下载提供服务，属于网络服务提供行为。麦家并无证据证明苹果公司明知开发商上传了涉案侵权应用程序，但在案证据足以证明苹果公司应当知道开发商上传了涉案侵权应用程序，其未采取阻止涉案应用程序开发商侵权的必要措施，属于帮助侵权行为，依法应当承担侵权责任。

二审法院认为，苹果公司所经营的应用程序商店是一个以收费下载为主的网络服务平台，并且在与开发商的协议中约定了固定比例的直接收益，据此可以认定苹果公司对应用程序开发商的侵权行为负有较高的注意义务。涉案应用程序"热播男人剧集""最经典谍战小说合集""茅盾文学奖全集"系第三方开发商开发并上传，均使用了涉案作品的主要内容，苹果公司在可以明显感知涉案应用程序为应用程序开发商未经许可提供的情况下，仍未采取合理措施，可以认定苹果公司未尽到相应的注意义务，具有主观过错，实施了帮助侵权行为，根据我国《侵权责任法》第9条的规定，应当承担帮助侵权责任。

本案的判决结论当然是正确的，但是判决理由还可以商榷。本案属于《侵权责任法》第8条调整的共同侵权类型，而不是第9条调整的帮助侵权类型。首先，从业务模式看，苹果公司提供应用程序开发平台和工具，应用程序开发商借助该平台和工具开发应用程序，然后向 App Stroe 应用程序平台上传其开发的应用程序，是否对外销售由苹果公司决定，应用程序产品的定价由开发商负责。从应用程序的开发到上传再到面向网络用户销售，构成侵权行为的各个环节，开发程序并上传到 App Store 应用程序平台的行为并不足以构成完整的侵权行为，因为此时网络用户还无法获得应用程序，即应用程序的传播行为尚未成就，只有经苹果公司审核并确定面向网络用户销售后，应用程序的传播行为才告完成。因此，只有开发、上传及面向网络用户销售（提供）应用程序的行为合并起来，才构成完整的侵权行为。尽管涉案应用程序"热播男人剧集""最经典谍战小说合集""茅盾文学奖全集"系第三方开发商开发并上传，但由于开发并上传的行为并未成就传播行为，因此，第三方开发商的行为尚不足以构成侵权行为。苹果公司提供应用程序开发平台、负责审查应用程序并决定对外销售的行为是被诉侵权行为不可分割的一部分，而不仅是帮助行为。如果认为苹果公司的行为是帮助行为，就意味着第三方开发商的行为足以构成侵权行为，这显然不符合本案实际情况。其次，苹果公司和应用程序开发商约定了应用程序的销售收入分配，苹果公司收取了30%固定比例的收益。综合整个案情来看，苹果公司与应用程序开发商达成了分工合作、共同提供应用程序的合意，也有分工合作的行为分担。

假设苹果公司仅仅是提供一个平台，应用程序的开发、上传及面向网络用户的销售行为均由第三方应用程序开发商完成，苹果公司并不干涉，则苹果公司仅仅是一个网络服务提供者。在此情况下，如果苹果公司知道第三方开发、上传并对外销售的应用程序为侵权产品，而不采取必要的阻止措施，则苹果公司提供网络服务的行为构成帮助侵权行为。

本章小结

网络服务提供者帮助网络用户侵害知识产权的责任构成要件包括：网络用户实施了直接侵害他人知识产权的行为；网络服务提供者实施了帮助行为；帮助行为与直接侵权损害之间具有因果关系；帮助人主观上具有帮助的故意。帮助侵权责任仅能由故意帮助行为构成，过失帮助行为不能构成帮助侵权责任，否则会极大地限制网络服务提供者的正常经营行为，妨害网络服务业的正常发展。研究表明，世界各主要网络侵权法领域，对于帮助侵权责任的构成，都强调两个要件：一为网络服务提供者知道他人的侵权行为（包括实际知道和推定知道），二为网络服务提供者在知道他人的侵权行为的情况下为其提供实质性帮助。亦即，帮助侵权责任构成以网络服务提供者的主观故意为要件。为了与通说观点保持一致，并维系网络服务提供者和知识产权权利人之间利益的平衡，我们应当坚持帮助侵权责任以帮助人的主观故意为要件这一法律逻辑。

《侵权责任法》第 36 条第 2、3 款规定的连带责任，在性质上为帮助侵权连带责任，以网络服务提供者具有帮助网络用户实施侵权行为的主观故意为要件，因此，该条规定中的"知道"应当解释为"明知"和"推定知道"，唯有如此解释，才符合帮助侵权责任的构成要件体系。民法上的"应知"，包括"推定知道"和应当知道但实际上不知道两种含义。应当知道但实际上不知道，表明行为人具有过失。如果将上述法条中的"知道"解释为包括应当知道但实际上不知道之意，则一方面与"知道"一词的含义不符，超出了"知道"一词的含义射程，另一方面会将应当知道但实际上不知道他人侵权行为的过失帮助行为纳入帮助侵权的范围，不当地扩大帮助侵权责任的范围。本书不赞同这种解释路径。本书认为，"知道"应当解释为包括"明知"和"推定知道"，仅将故意帮助行为纳入帮助侵权责任的范围，将过失帮助行为排除在帮助侵权责任范围之外。在最高人民法院法释〔2012〕20 号文件将"知道"解释为包括"明知"和"应知"的情况下，应当将"应知"理解为"推定知道"，并在诉讼中运用司法推定的技术予以认定。司法上推定网络服务提供者知道网络用户的侵权行为，就是推定其具有帮助的故意，这样解释，与帮助侵权责任的构成要件体系相吻合。同理，《信息网络传播权保护条例》第 23 条规定中的"应知"也应当作此解释。

"明知"的认定有两种途径：一为网络服务提供者自认其"明知"，二为知识产权权利人作出了有效的侵权通知，网络服务提供者基于该通知而"明知"。

"知道"的推定，可以参考美国法的"红旗测试"规则，从主观和客观两方面来进行。主观上，要认定网络服务提供者接触和意识到了网络用户涉嫌侵权的信息，这一步可以根据证据来证明。例如，对于网络存储空间服务提供者，由于其负有公法上的"黄赌毒"审查义务，实践中也会进行"黄赌毒"内容的审查，故可以推定其接触和意识到了涉嫌侵权的信息。客观上，要认定涉嫌侵权的信息是否特别明显，以至于任何正常的理性人都能据此作出其属于侵权信息的判断。由于民事诉讼实行高度盖然性的标准，因此，只要涉嫌侵权的信息构成侵权信息具有高度的盖然性，就足以作出认定。

当前盛行的网络服务提供者注意义务论，有待商榷。网络服务提供者注意义务论，认为网络服务提供者负有注意并防止网络用户实施侵权行为的义务，违反了此等义务，就具有过失，应当承担帮助侵权责任。司法实践中很多法院也按此逻辑裁判。这种观点和做法冲击了传统的帮助侵权责任概念体系，与帮助侵权责任以帮助人的主观故意为要件的法理不符，也与美国、欧盟的网络立法、司法实践不符。本书建议司法实践应当转变认识和做法，采用司法推定的方法，根据侵权可能性非常明显的基础事实来推定"知道"要件成立，进而作出裁判。

第五章 网络服务提供者对网络用户侵害知识产权的替代责任

第一节 替代责任的法律界定

一、替代责任的法律内涵

根据《布莱克法律词典》的解释，替代责任是指无过错的责任人基于特定的关系而承担本应由行为人承担的民事责任。[1] 这一术语源于普通法。美国法中，替代责任最初起源于劳动雇佣领域，即雇主对其雇员在执行职务过程中对第三人造成的侵权损害所承担的责任。这一责任建立在代理关系理论基础上。[2] 其正当性在于：第一，雇员受雇主指挥，雇主对雇员具有监督的权利和能力；第二，雇员为雇主工作，为雇主带来了经济利益。替代责任的最初适用范围非常窄，但是，在 1963 年第二巡回上诉法院判次的 Shapiro 案件中，替代责任的范围被大大拓展

---

[1] Bryan A. Garner, Black's Law Dictionary 2913 (8th ed., West Group 2004).

[2] Thomas C. Folsom, Toward Non - neutral First Principles Of Private Law: Designing Secondary Liability Rules For New Technological Uses, 3 Akron Intell. Prop. J. 43 2009, at 63.

了，被告只要满足两个条件就要承担替代责任：第一，被告对侵权行为人具有监督的权利和能力；第二，被告从侵权行为人的侵权行为中直接获得了经济利益。❶

在大陆法系中，与替代责任相对应的术语是"对他人行为的责任"（Liability for the acts of others）。❷ 例如，《法国民法典》即规定了"因他人行为而产生的侵权责任"制度。该法典第1384条第1款规定："任何人不仅因自己的行为造成的损害负赔偿责任，而且对应由其负责之人的行为或在由其照管之物造成的损害负赔偿责任。"第1384条第4款规定父母对与其共同生活的未成年子女所造成的损害承担连带责任；第1384条第5款规定主人与雇主对其家庭佣人与受雇人在履行他们受雇的职责中造成的损害负赔偿责任；第1384条第6款规定小学教师与家庭39在受其监视的时间内造成的损害负赔偿责任。❸

《德国民法典》也有类似的责任制度，即第831条规定的"为事务辅助人的责任"。该条规定："（1）为某事务而使用他人的人，对该他人在执行事务中所不法加给第三人的损害，负有赔偿义务。使用人在挑选被用人时，并且，以使用人须置办机械或者器具或者须指挥事务的执行为限，使用人在置办或者指挥时尽了交易上必要的注意，或纵使尽此注意损害也会发生的，不发生赔偿义务。（2）以合同为使用人承担第1款第2句所称事务的处理的人，负同样的责任。"第832条规定"监督义务人的责任"："（1）依照法律规定对因未成年或因精神上或肉

---

❶　See Shapiro, Bernstein & Co., Inc. v. H. L. Green Co., Inc., 316 F. 2d 304 (2d Cir. 1963).

❷　郑晓剑："揭开雇主'替代责任'的面纱——兼论《侵权责任法》第34条之解释论基础"，载《比较法研究》2014年第2期。

❸　罗结珍译：《法国民法典》（下册），法律出版社2005年版，第1096~1097页。

体上的状态而需监督者实行监督的人，有义务赔偿需监督者所不法加给第三人的损害。监督义务人已满足其监督义务的要求，或即使在适当实施监督的情形下也会发生损害的，不发生赔偿义务。（2）以合同承担监督的实施的人，负同样的责任。"❶ 德国在司法实践中，还通过判例逐渐发展出一系列理论，如缔约过失责任、合同上的注意义务、附保护第三人利益契约的理论、雇员对雇主的"解放请求权"等，使雇主几乎无法通过证明自己没有选任和监督的过失而获得免责，因此，雇主对雇员的侵权行为承担的责任几近无过错责任。❷

　　我国许多学者对替代责任展开了研究。张民安认为，替代责任是指被控侵权人因与实施侵权行为的第三人之间存在某种特殊关系，要就第三人实施的侵权行为所造成的损害向受害人承担侵权责任。❸ 杨立新认为，替代责任是指为他人的行为以及为自己管理下的对象所致损害负有的侵权赔偿责任，根据他的观点，我国《侵权责任法》规定的所有特殊侵权责任都是替代责任。❹ 李永军认为，替代责任分为广义的替代责任和狭义的替代责任，广义的替代责任是指所有的因被监护人的行为而导致的监护人的责任；狭义的替代责任是指监护人对被监护人的不法行为引起的侵权责任承担严格责任的替代责任。❺ 毛瑞兆认为，Vicarious liability 是指由于双方当事人之间存在特定的关系，

---

❶ 陈卫佐译注：《德国民法典》（第 4 版），法律出版社 2015 年版，第 319 页。

❷ ［德］克雷斯蒂安·冯·巴尔著：《欧洲比较侵权行为法》（上卷），焦美华译，张新宝审校，法律出版社 2001 年版，第 239 页。

❸ 张民安：《侵权法上的替代责任》，北京大学出版社 2010 年版，第 1 页。

❹ 杨立新：《侵权法论》（下），人民法院出版社 2013 年版，第 862~864 页。

❺ 李永军："论监护人对被监护人侵权行为的'替代责任'"，载《当代法学》2013 年第 3 期。

一方对另一方的侵权行为承担的责任。由于这种责任不是基于责任人自己的行为产生的责任，而是责任人对他人的行为承担的责任，故翻译为"替代责任"。❶ 郑晓剑认为，替代责任是与"直接责任"相对的一种责任形式，是责任人基于特定的关系而对他人的侵权行为所承担的一种"替代性"责任。❷

综上，我国学者对替代责任的定义并不相同，多数学者认为替代责任仅指替他人的加害行为承担的损害赔偿责任（简称"替人责任"），少数学者认为替代责任既包括替他人的加害行为造成的损害承担的侵权责任，还包括替自己管理的物件造成的损害承担的侵权责任（简称"替物责任"）。本书认为，狭义的替代责任是合适的，即替代责任是指责任人因与加害人之间存在某种特殊关系，就加害人实施的加害行为所造成的损害向受害人承担的侵权责任。

替代责任具有以下特征。

首先，加害人与责任人相分离。在替代责任形态下，加害人与责任人并不是同一主体，而是不同的主体。侵权责任分为自己责任和替代责任，自己责任是为自己的行为及自己管理下的物件造成的损害负担的侵权责任，而替代责任是为他人的加害行为承担的责任。加害人与责任人相分离，是替代责任区别于自己责任的重要特征。

其次，责任人与加害人之间存在特定关系。责任人没有实施侵害行为，却要代替加害人对受害人承担责任，法律政策上必须具有依据，这个依据就是责任人与加害人之间存在特定的

---

❶ 毛瑞兆："论雇主的替代责任"，载《政法论坛（中国政法大学学报）》2004 年第 3 期。

❷ 郑晓剑："揭开雇主'替代责任'的面纱——兼论《侵权责任法》第 34 条之解释论基础"，载《比较法研究》2014 年第 2 期。

关系。例如，雇主替代责任，是由于雇主与雇员之间存在雇佣关系，雇主对雇员有监督的权利和义务，因此，雇主应当对雇员在执行职务过程中给他人造成的损害负侵权责任。

最后，替代责任为无过错责任。替代责任不要求责任人具有过错，只要行为人实施的不法加害行为给他人造成了损害，责任人无论过错，都要代替行为人承担责任。如果责任人自己有过错，其承担的责任就不是替代责任，而是为自己的过错承担责任。

在责任构成上，替代责任的成立一般有以下几个要件：第一，加害人实施了不法加害行为，给受害人造成了损害；第二，责任人与加害人之间存在某种特殊关系，一般表现为监护关系、控制关系等；第三，由于责任人与加害人之间具有特殊关系，责任人对加害人负有监督和控制的权利。以我国《侵权责任法》第 32 条为例，监护人承担替代责任的要件是：第一，被监护人实施了不法加害行为，给受害人造成了损害；第二，监护人与被监护人存在监护关系；第三，监护人对被监护人有监护的权利。

二、替代责任的归责基础

替代责任的归责基础是什么？对此存在以下解释理论：

第一种是"控制义务理论"，认为责任人对第三人有控制义务，应当对第三人造成的损害承担责任。行为人为什么要就第三人实施的侵权行为对受害人承担侵权责仕？这是因为，行为人同受害人或者行为人同第三人之间存在某种特殊关系，此种特殊关系使行为人在侵权法上承担了控制第三人行为的义务，此种义务要求行为人采取合理措施，防止同自己有特殊关系的第三人实施损害他人利益的侵权行为。这就是因为特殊关系而

产生的控制义务理论。❶

第二种是"危险理论"，认为责任人在从事某种经营活动中获取了收益，也给社会带来了危险，其在获取收益的同时应当对危险结果承担责任。❷

第三种是"报偿理论"，认为责任人通过使用他人扩张自己的活动范围，增加了获取利益的可能性，那么，也应该负担伴随着获取利益的可能性发生的损害。❸

第四种是"深口袋理论"，认为责任人对第三人承担替代责任的依据是责任人比第三人更有钱，能够更加容易地承担事故损失，更有利于保护受害人。❹

第五种是"损失分担理论"，认为责任人比第三人更容易转移侵权事故成本，他既可以通过购买保险的方式转移侵权事故成本，也可以通过提高产品或服务的价格等方式来转移侵权事故成本。❺

本书认为，以上解释理论都有一定道理，都具有一定的解释力。但是，任何一种理论的解释力都有限，将五种理论结合起来解释替代责任，则更有说服力。

三、替代责任的主要类型

不同国家，替代责任的类型和范围各不相同。在我国，不

---

❶ 张民安：《替代责任的比较研究》，载《甘肃政法学院学报》2009 年第 5 期。

❷ ［日］田山辉明著：《日本侵权行为法》，顾祝轩、丁相顺译，北京大学出版社 2011 年版，第 143~144 页。

❸ 于敏：《日本侵权行为法》（第二版），法律出版社 2006 年版，第 221 页。

❹ ［美］小詹姆斯·A. 亨德森等著：《美国侵权法实体与程序》（第七版），王竹等译，北京大学出版社，第 141 页。

❺ ［美］小詹姆斯·A. 亨德森等著，王竹等译：《美国侵权法实体与程序》（第七版），北京大学出版社，第 141 页。

同学者对替代责任的范围界定也不一致。根据张民安的研究，我国的替代责任有"狭义说""广义说""折中说"。"狭义说"为张新宝所采，认为替代责任事实上就是雇主就其雇员的侵权行为承担的侵权责任。"广义说"认为，替代责任是我国《民法通则》规定的各种特殊的侵权责任制度，既包括行为人就他人的行为承担的侵权责任——例如，国家机关就其机关工作人员的侵权行为承担的侵权责任，监护人就其无行为能力人、限制行为能力人实施的致害行为承担的侵权责任，法人就其成员实施的侵权行为承担的侵权责任；也包括行为人就其致害物件引起的损害承担的侵权责任。此说为杨立新所主张。"折中说"认为，替代责任是就他人行为承担的侵权责任，除了传统意义上的雇主责任、父母责任、公司就其董事承担的侵权责任之外，还包括其他众多类似的侵权责任。"折中说"为张民安所采。❶

"广义说"的替代责任过于宽泛，以"折中说"较为合适，即替代责任仅指替人责任，而不包括替物责任。但是，由于替代责任是法律政策选择的结果，目的在于对受害人作出有利的赔偿，因此，替代责任的类型范围并非一成不变，随着时代变迁，替代责任无疑会呈现出一种扩张的趋势。

现阶段，我国的《民法通则》规定了两种形式的替代责任：一是第 121 条规定的国家就其国家机关、机关工作人员实施的不法加害行为承担的替代责任，二是第 133 条规定的监护人就其被监护人实施的不法加害行为承担的替代责任。我国《侵权责任法》也规定了两种替代责任：一是第 32 条规定的

---

❶ 张民安："替代责任的比较研究"，载《甘肃政法学院学报》2009 年 9 月总第 106 期。

监护人就被监护人实施的不法加害行为对受害人承担的侵权责任，该条规定和《民法通则》第 133 条是一致的；二是第 34 条规定的用人单位就其工作人员实施的不法加害行为对受害人承担的侵权责任，该条规定是对《民法通则》第 121 条适用范围的扩大。

第二节　网络服务提供者替代责任的合理性分析

一、根据法律政策的需要替代责任可以扩大适用范围

替代责任是法律政策选择的结果，是为了保护受害人的利益而作出的制度安排。因此，替代责任的类型和范围并非一成不变，随着时代变迁，如果法律政策上需要，完全可以扩展替代责任的类型和范围。美国法中替代责任的发展历程即为著例。美国法中，替代责任最初起源于劳动雇佣领域，即雇主对其雇员在执行职务过程中对第三人造成的侵权损害所承担的责任，适用范围非常窄。但是，在 1963 年第二巡回上诉法院判决的 Shapiro 案件中，替代责任的范围被大大拓展了，被告只要满足两个条件就要承担替代责任：第一，被告对侵权行为人具有监督的权利和能力；第二，被告从侵权行为人的侵权行为中直接获得了经济利益。❶ 此后，版权法领域很多案型都适用了替代责任。最明显的例子是，舞厅、夜总会等娱乐场所要对乐队的侵权行为承担替代责任。当乐队未经版权人的许可而演奏音乐时，

---

❶　See Shapiro, Bernstein & Co., Inc. v. H. L. Green Co., Inc., 316 F. 2d 304 (2d Cir. 1963).

只要舞厅、夜总会的经营者根据合同或者事实上有权对乐队的表演活动进行控制，又从表演活动中直接获得了经济利益，即使其不知道乐队表演是非法表演，也要为乐队的行为承担替代责任。❶ 后来，替代责任又扩展到了网络服务领域，如果网络服务提供者对网络用户实施的知识产权侵权行为具有监督的权利和能力，又从该侵权行为中直接获得了经济利益，则应当承担替代责任。例如，在 Napster 案中，美国第九巡回上诉法院即认定被告 Napster 公司具有控制网络用户的权利和能力，又从网络用户实施的侵权行为中直接获得了经济利益，故应当承担替代责任。❷

我国目前的法律虽然未规定网络服务提供者的替代责任形态，但是，基于网络侵权治理的需要，完全可以扩大替代责任的范围，将替代责任引入网络服务领域，责令网络服务提供者在满足一定的条件下替网络用户的侵权行为承担责任。

二、替代责任是适应网络服务提供者不断创新业务模式的必要责任形式

在目前云计算技术模式迅速发展的形势下，新的网络服务模式层出不穷，有些网络服务提供者行为表面上是无害的，无法通过《侵权责任法》或者《信息网络传播权条例》的侵权责任条款予以调整，但是不进行规制也不合理，因此，有必要引入替代责任进行规制。现举一例，这是笔者到某互联网公司调研遇到的一个案例。该互联网公司运营网络服务器，提供存储空间服务，甲将其开发的网站（一些程序和网页的集合）存储、

---

❶ See Buck v. Jewell-LaSalle Realty Co., 283 U.S. 191.

❷ See A&M Records, Inc. v. Napster, Inc., 239 F. 3d 1004 (9th Cir. 2001), at 1022-1024.

运行于该公司的网络服务器上，该公司收取一笔固定的服务器出租费，另外再根据网站的访问量按比例收取费用。假设甲的网站上提供了一部侵权电影，该公司并不知情，甲无力赔偿权利人的损失，此时应当如何处理？要不要追究该公司的责任？表面上看，该公司的行为是无害的，是一种提供中立的服务器存储空间服务的行为。该公司既未教唆、帮助甲实施侵权行为，❶ 亦未实施《侵权责任法》第8、10、11、12条意义上的侵权行为，因此，可能面临无法追责的局面。但是，该公司具有控制甲的侵权行为的权利和能力，也从甲的侵权行为中直接获得了经济利益，如果不追究该公司的责任，似乎与公平正义不符。此种情形与替代责任相符，如果我国也规定了网络服务提供者的替代责任，则此种情形可以适用替代责任。由此可见，替代责任是适应网络服务提供者不断创新业务模式的必要责任形式。

三、网络服务提供者承担替代责任符合公平正义的法理

公平正义是法律制度设计的首要价值目标，网络服务提供者间接责任制度的设计亦应当遵循这一价值目标。因此，在网络服务提供者的经营自由和知识产权权利人的利益保护之间，应当贯彻公平正义的法理。网络服务提供者应当具有开展网络服务业务的经营自由，但是其限度是不侵害他人的知识产权，如果其网络用户实施了知识产权侵权行为，网络服务提供者能够控制该侵权行为又从侵权行为中直接获得了经济利益，则网络服务提供者承担责任，对于各方都是公平合理的。相反，如

---

❶ 教唆、帮助侵权以主观故意为要件，该公司没有教唆、帮助的主观故意，故其行为不属于教唆、帮助行为。

果网络服务提供者不承担责任，则对于知识产权权利人显然不公，对于网络服务提供者过于放纵，会助长网络环境下的知识产权侵权行为。网络服务提供者获得收益的同时承担一定的责任风险，无疑是合理的。根据美国法，网络服务提供者承担替代责任的条件是：第一，网络服务提供者对网络用户的侵权行为具有控制的权利和能力；第二，网络服务提供者从网络用户的侵权行为中直接获得了经济利益。这一法律政策是正当合理，我国可以借鉴。

四、网络服务提供者承担替代责任符合侵权法上的最小成本预防原则

侵权法的制度设计应当贯彻最小成本预防原则，即谁预防侵权事故发生的成本小，就由谁承担预防侵权事故发生的义务。❶ 网络世界中，网络用户实施的侵权行为可能是海量的，让知识产权权利人去监督每一个网站上的侵权行为，势必要花费巨大的开支，成本高昂。但是，在网络服务提供者对网络用户的侵权行为具有控制的权利和能力时，由网络服务提供者来监督并控制网络用户的侵权行为，是比较容易做到的，也是成本较低的。两相比较，由网络服务提供者负担预防网络用户侵权行为的义务，更符合经济效率原则。因此，在网络服务提供者能够控制网络用户的侵权行为又从其侵权行为中直接获得经济利益时，其应当承担替代责任。

---

❶ ［美］罗伯特·考特、托马斯·尤伦著：《法和经济学》，史晋川、董雪兵等译，格致出版社 2012 年版，第 6 页。

五、网络服务提供者承担替代责任是调整《侵权责任法》第36条第3款适用范围的需要

前文已论述过，我国《侵权责任法》第 36 条第 3 款应当仅限于调整网络服务提供者的故意帮助行为，而不调整过失帮助行为。但是，目前的司法实践为了适当扩大网络服务提供者的责任，将过失帮助行为也纳入该条款的调整范围，即网络服务提供者负有注意义务但违反注意义务、具有过失的情况下，要与网络用户承担连带责任。这种做法虽然能更好地规制网络环境下的侵权行为，但违背了《侵权责任法》第 36 条第 3 款的立法宗旨，违背了帮助侵权责任以帮助人的主观故意为要件的基本法理，超出了该款规定的调整范围。因此，笔者在上文提出，我们应当回归《侵权责任法》第 36 条第 3 款的本来面目，将过失帮助行为排除出该款的适用范围。但是，如此一来，网络服务提供者的责任减轻后，可能会导致网络环境下知识产权保护的恶化。为了弥补这一缺陷，有必要将一部分过失帮助行为纳入替代责任的调整范围。网络服务提供者有能力和权利控制网络用户的侵权行为，又从网络用户的侵权行为中直接获得了经济利益的情形，与过失帮助行为具有交集。在这种情形下，网络用户实施了直接侵权行为，网络服务提供者为网络用户提供了网络服务（客观上的帮助），如果网络服务提供者对网络用户实施的直接侵权行为不知情，则网络服务提供行为属于过失帮助行为。将这种情形纳入替代责任的适用范围，可以解决对当前司法实践中适用《侵权责任法》第 36 条第 3 款的做法进行纠错所带来的问题。

第三节　网络服务提供者替代责任的构成和认定

一、网络服务提供者替代责任的构成要件

美国法中，替代责任的成立一般需要满足两个条件：第一，网络服务提供者对网络用户的侵权行为具有控制的权利和能力；第二，网络服务提供者从网络用户的侵权行为中直接获得了经济利益。❶ 实际上，这两个条件中隐含了第三个条件，即网络用户实施了直接侵权行为。参照美国法的经验，本书认为我国的网络服务服务提供者替代责任的构成应当符合以下三个条件：

第一，网络用户实施了直接侵权行为。网络服务提供者替代责任是网络服务提供者代替网络用户对其实施的直接侵权行为承担的责任，因此，网络服务提供者承担替代责任的前提是网络用户实施了直接侵权行为并应当承担侵权责任，如果网络用户未实施直接侵权行为，网络用户的侵权责任就不成立，当然也就不存在将责任转由网络服务提供者承担的前提事实。

第二，网络服务提供者对网络用户的侵权行为具有控制的权利和能力。网络服务提供者对网络用户的侵权行为具有控制的权利和能力，是其承担替代责任的前提，如果不具有控制的权利和能力，就失去了承担替代责任的基础。首先，网络服务提供者必须有能力控制网络用户的侵权行为，如果超出其能力范围，则不能强人所难。什么是"有能力"？"有能力"意味着

---

❶　See Shapiro, Bernstein & Co., Inc. v. H. L. Green Co., Inc., 316 F. 2d 304（2d Cir. 1963）.

网络服务提供者能够监控、定位并阻止网络用户的侵权行为。如果网络服务提供者从网络用户的侵权行为中直接获得经济利益，就基本可以推定网络服务提供者有能力控制网络用户的侵权行为。其次，网络服务提供者必须有权利控制网络用户的侵权行为。这可以通过双方的协议等材料予以证明。网络服务提供者通常会在其服务协议书中明确规定，在何种条件下其可以终止向网络用户提供网络服务。例如，在美国的 Napster 案中，Napster 公司在其网站上明确表示保留按照自己的判断来终止提供网络服务和用户账户的权利，这就表明 Napster 公司有权利和能力控制用户的侵权行为，美国第九巡回上诉法院也是基于这一点作出相关认定的。❶

　　第三，网络服务提供者从网络用户的侵权行为中直接获得了经济利益。基于收益与风险相一致的原则，网络服务提供者从网络用户的直接侵权行为中直接获得了经济利益，则承担一定的风险（承担责任的风险）是合理的。如果网络服务提供者并没有从网络用户的直接侵权行为中直接获得经济利益，又不存在其他的事由，要求网络服务提供者对网络用户的侵权行为承担责任，则缺乏依据。实践中的问题在于如何认定"直接获得经济利益"。第一种典型情形是，网络服务提供者直接从网络用户的侵权行为中按比例提取收益。例如，电子商务平台经营者在其平台规约中事先规定，凡是在其平台上注册的商品卖家都应当将其收益按一定比例支付给平台经营者。第二种典型情形是，网络服务提供者直接针对网络用户的侵权行为专门投放广告，收取广告费。如果网络服务提供者不是直接针对网络用

---

❶　A&M Records, Inc. v. Napster, Inc., 239 F. 3d 1004 (9th Cir. 2001), at 1022-1024.

户的侵权行为专门投放广告，而是在其网站上投放的一般广告，该种广告收入就不宜认定为"直接获得经济利益"。

二、网络服务提供者替代责任的司法认定

法院在司法案件中，应当按照替代责任的构成要件认定网络服务提供者是否承担替代责任。以美国的 Napster 案为例。在 Napster 案中，美国第九巡回上诉法院认定：第一，Napster 公司在其网站上明确表示，保留按该公司的判断终止提供服务和终结网络用户账户的权利，这表明该公司有权利且有能力控制网络用户的侵权行为；第二，有充分证据表明 Napster 公司的收入直接依赖用户数量的增长，而音乐文件的数量越多，用户便越多，该公司从网络用户的侵权行为中直接获得了经济利益。因此，替代责任的两个要件都已得到满足，Napster 公司应当承担替代责任。[1]

但是，在 Sony 案中，被告索尼公司销售的 Bebamax 录像机既可以被用于合法用途，也可以被用于非法用途，而一旦 Bebamax 录像机被销售出去，索尼公司根本就不知道用户会如何使用 Bebamax 录像机，无法控制用户对 Bebamax 录像机的使用行为，即使用户使用 Bebamax 录像机的行为构成侵权行为，被告索尼公司也无法控制该侵权行为，替代责任中的"控制"要件无法满足。因此，美国联邦最高法院认为索尼公司不应当承担替代责任。[2]

---

[1] A&M Records, Inc. v. Napster, Inc., 239 F. 3d 1004 (9th Cir. 2001), at 1022–1024.

[2] See Sony Corp. of Am. v. Universal City Studios, Inc., 464 U. S. 417, 442 (1984).

本章小结

　　替代责任是指责任人因与加害人之间存在某种特殊关系，就加害人实施的加害行为所造成的损害向受害人承担的侵权责任。这一术语源于普通法，在大陆法中，与替代责任相对应的术语是"对他人行为的责任"（liability for the acts of others）。替代责任是法律政策选择的结果，是为了保护受害人的利益而作出的制度安排。基于网络侵权治理的需要，我国完全可以扩大替代责任的范围，将替代责任引入网络服务领域，让网络服务提供者在满足一定的条件下替网络用户的侵权行为承担责任。

　　网络服务服务提供者替代责任的构成应当符合以下三个条件：（1）网络用户实施了直接侵权行为。（2）网络服务提供者对网络用户的侵权行为具有控制的权利和能力。（3）网络服务提供者从网络用户的侵权行为中直接获得了经济利益。

第六章　网络服务提供者间接侵害知识产权之责任限制

　　网络服务提供者在符合一定条件的情况下，应当承担侵权责任，但责任并非漫无边际，否则网络服务就不可能生存。因此，有责任，就应当有"责任限制"。网络服务提供者的"责任限制"是个耳熟能详的术语，但有些问题仍有必要予以澄清。

　　首先，"责任限制"只是一个简便的说法，并不是一个具有一致含义的法律概念，它仅表达结果意义上的含义，即网络服务提供者在特定情况下不承担责任，但是，在不同的法律体系下，这一术语应当作不同的理解。在美国，该术语意在说明网络服务提供者在特定情况下责任应当受到限制。由于美国对版权侵权责任实现严格责任原则，在 DMCA 制定之前有些法院对网络服务提供者也采严格责任原则，"责任限制""避风港"是为了限制本来可能成立的责任而创设的术语，这是真正的责任限制。但是，在我国，侵害著作权实行过错责任原则，所谓的"责任限制""避风港"，是指网络服务提供者在特定情况下不应当承担责任，即责任本身没有成立，而不是责任成立之后的责任限制。

　　其次，"责任限制"只是对损害赔偿责任的限制，并不是对其他责任形式的限制。亦即，网络服务提供者在满足特定条件时无需承担侵权损害赔偿责任，但并不意味着不需要承担其他的责任。例如，根据《欧洲电子商务指令》第 12~14 条的规定，网络服务提供者只要满足相关的条件，就可以免除赔偿责任。但是，前述条款同时附加了"不应当影响法院或行政机关根据成员国的法律制度，要求服务提供者终止或者预防侵权行为的可能性"的规定。也就是说，虽然网络服务提供者在满足相应条件的情况下可以免除赔偿责任，但是，这并不影响成员国针对网络服务提供者采取禁令措施或者要求其承担预防同样的侵权行为反复发生的义务。

第一节　责任限制的立法例

一、美国 DMCA 中的"避风港"规则

美国 DMCA 中确立的"避风港"规则是美国国会调和版权权利人和网络服务提供者利益的产物。美国法院在常年的司法实践中逐渐确立了版权直接侵权和间接侵权的认定规则。版权侵权的直接侵权责任认定实行严格责任原则，无论过错都要承担责任，过错只影响赔偿责任的大小。❶ 版权的间接侵权责任实行过错责任原则，只有在间接侵权人知晓某种行为构成侵权行为后还引诱、促成或实质性帮助直接行为人实施该侵权行为的，

---

❶ 李明德：《美国知识产权法》（第二版），法律出版社 2014 年版，第 368~372 页。

才需要承担间接侵权责任。❶ 但是，在 DMCA 制定之前的若干年，针对版权领域出现的网络侵权这一新生事物，对网络服务提供者应当适用严格责任还是过错责任，各地法院出现了不同的裁判意见。有的法院认定网络服务提供者提供网络服务的行为构成直接侵权行为，适用严格责任原则；有的法院却认定网络服务提供者提供网络服务的行为属于间接侵权行为，适用过错责任原则。例如，在"花花公子诉 Frena 案"❷ 中，被告设立了一个收费的 BBS，该 BBS 的用户未经许可上传了"花花公子"成人照片。"花花公子"起诉被告 Frena 直接侵害了其对照片享有的版权，被告则抗辩该照片是网络用户上传的。美国佛罗里达中区联邦地区法院没有采纳被告的抗辩意见，而是认为被告接触过原告的照片，且被告 BBS 上的涉案照片与原告的照片实质性相似，故认定被告直接侵害了原告对涉案照片享有的版权。但是，在"宗教技术中心诉 Netcom 在线通讯公司案"❸ 中（简称"Netcom 案"），一名牧师的布道被上传到了一个 BBS 上，该 BBS 是通过 Netcom 公司提供的网络接入服务连接到互联网上。宗教技术中心提起诉讼，认为 Netcom 公司应当承担侵权责任，其还提出上述 Frena 案的判决予以佐证。法院区分了直接侵权和间接侵权，并认为被告的系统只是被第三方用于制作复制件，被告并没有过错。这一判决区分了网络服务领域的直接侵权和间接侵权，具有重要意义。但是，Netcom 案的裁判意见并未得到一贯的遵循，法院的判决远未统一。

---

❶ Gershwin Publishing Corp. v. Columbia Artists Management, Inc., 443 F. 2d 1159, at 1162 (2nd cir. 1971).

❷ Playboy Enterprise, Inc. v. Frena, 839 F. Supp. 1552 (M. D. Fla, 1993), at 1554.

❸ Religious Technology Center v. Netcom On‑Line Communication Services, 907 F. Supp. 1361 (N. D. Cal. 1995), at 1366‑1372.

对于网络用户实施的版权侵权行为，网络服务提供者究竟应当承担什么责任？是严格责任还是过错责任？这些问题以及由此引发的争议日益引起美国政府和国会的重视。20 世纪 90 年代，计算机技术和网络服务业快速发展，逐渐成为美国经济发展的新引擎。为了给网络服务业的健康发展提供稳定的法律规则，美国国会有意扫清制约网络服务业发展的障碍，在 DMCA 中明确引入了"避风港"规则，免除网络服务提供者在一定条件下的版权侵权责任。

"避风港"规则的引入是有特定原因的。由于不同法院对于网络服务提供者到底应当负担直接侵权责任还是间接侵权责任存在分歧，国会出于实用主义的考虑，在 DMCA 第 512 条中直接规定一定的免责条件，只要网络服务提供者符合规定的条件，就可以免予金钱赔偿责任。因此，"避风港"规则的引入源于美国司法实践中存在认定网络服务提供者承担直接侵权责任的司法案例。对此，DMCA 立法报告中有明确的说明，即避风港条款"并不是为了规定服务商是否应当为其违反（或符合）责任限制条件而承担侵权责任。相反，只有在服务商根据现行法律已经构成侵权的情况下，责任限制才会起作用。"❶

"避风港"规则的引入具有重大的意义，结束了同案不同判的局面，为网络服务业的健康发展确定了明确的法律规则，扫清了障碍。网络服务提供者依托"避风港"规则，不必无限制地承担责任，在满足一定条件时可进入"避风港"，免予金钱赔偿责任。

二、《欧洲电子商务指令》的"避风港"规则

《欧洲电子商务指令》第 12~14 条分别针对网络传输通道

---

❶ See H. R. Conf. Rep. No. 105-796, at 72 (1998).

服务、系统缓存服务、宿主服务提供了"避风港"规则，只要网络服务提供者满足一定的条件即可免于承担侵权损害赔偿责任。

第 12 条是关于网络传输、接入服务提供者的免责条款，只要满足下述条件，服务提供者就可以免责：（a）不是首先进行传输的一方；（b）对传输的接受者不做选择；以及（c）对传输的信息不做选择或更改。

第 13 条是关于缓存服务提供者的免责条款，只要满足下述条件，服务提供者就可以免责：（a）提供者没有更改信息；（b）提供者遵守了获得信息的条件；（c）提供者遵守了更新信息的规则，该规则以一种被产业界广泛认可和使用的方式确定；（d）提供者不干预为获得有关信息使用的数据而对得到产业界广泛认可和使用的技术的合法使用；以及（e）提供者在得知处于原始传输来源的信息已在网络上被移除，或者获得该信息的途径已被阻止，或者法院或行政机关已下令进行上述移除或阻止获得的行为的事实后，迅速地移除或阻止他人获得其存储的信息。

第 14 条是关于宿主服务提供者❶的免责条款，只要满足下述条件，服务提供者就可以免责：（a）提供者对违法活动或违法信息不知情，并且就损害赔偿而言，提供者对显然存在违法活动或违法信息的事实或者情况毫不知情；或者（b）提供者一旦获得或者知晓相关信息，就马上移除了信息或者阻止他人获得此种信息。

上述"避风港"规则贯彻了"技术中立""服务中立"原

---

❶ 宿主服务，即信息存储服务，给网络用户提供信息存储空间服务的，即为宿主服务。

则，只要网络服务提供者提供的技术服务、网络服务是中立的，没有参与、干预或影响网络用户的行为，网络服务提供者就不应当为网络用户的侵权行为承担损害赔偿责任。

欧盟国家规制网络服务提供者责任，均适用内国法，但是不得违背《欧洲电子商务指令》的精神，因此，该指令规定的"避风港"规则在欧盟国家都应当得到遵守。

第二节　我国"避风港"规则的解释与完善

一、如何认识我国的"避风港"规则

我国《侵权责任法》第36条第2、3款分别规定："网络用户利用网络服务实施侵权行为的，被侵权人有权通知网络服务提供者采取删除、屏蔽、断开链接等必要措施。网络服务提供者接到通知后未及时采取必要措施的，对损害的扩大部分与该网络用户承担连带责任。""网络服务提供者知道网络用户利用其网络服务侵害他人民事权益，未采取必要措施的，与该网络用户承担连带责任。"依反面解释，如果网络服务提供者在接到被侵权人的通知或者知道网络用户的侵权行为后，采取了阻止侵权的必要措施的，就不用与网络用户承担连带责任，也就是进入了"避风港"。《信息网络传播权保护条例》第20~22条也规定了网络服务提供者的不承担赔偿责任的情形。前述条款被称为我国的"避风港"规则，即免责条款。但上述条款到底是不是免责条款，存在不同的认识。

一种观点认为，《信息网络传播权保护条例》第20~22条明确使用了"不承担赔偿责任"的文字，这种表述明确表明其系免责条款。❶ 但是，王迁对此提出了不同意见。他认为，对我国"避风港"规则的理解应当与美国的"避风港"规则有所区别。美国 DMCA 中的"避风港"规则的制定，是由于美国版权法领域的侵权实行严格责任原则，在 DMCA 制定实施之前，司法实践中往往也让网络服务提供者承担严格责任，这种情况非常不利于网络服务业的发展，为了将网络服务提供者从严格责任中解放出来，DMCA 专门在第 512 条中规定了若干情形的"避风港"规则，只要网络服务提供者满足有关情形，就可以进入避风港，不必承担侵权责任。与美国不同，我国著作权侵权责任实行过错责任原则，网络服务提供者承担责任的要件之一是具有过错，因此，对《信息网络传播权保护条例》第 20~22 条规定的"免责条件"应该有正确的认识，所谓的"免责条件"是与归责条件相对应，是对归责条件的否定性规定。❷ 此外，徐伟也认为我国侵权法体系与美国完全不同，我国法律移植美国法中的"避风港"规则与我国法律体系不符，应当将免责条款（"避风港"规则）改造为归责条款。❸

上述两位学者的意见具有一定的道理。所谓免责，是在责任构成要件满足、责任成立之后，基于法定事由免除责任。❹ 比如说，某一行为符合我国侵权责任构成的三要件（损害、因果

---

❶ 史学清、汪涌："避风港还是风暴角——解读《信息网络传播权保护条例》第 23 条"，载《知识产权》2009 年第 2 期。

❷ 王迁：《网络环境下著作权保护研究》，法律出版社 2011 年版，第 207~296 页。

❸ 徐伟：《网络服务提供者侵权责任理论基础研究》，吉林大学 2013 年博士学位论文，第 23~49 页。

❹ 朱岩：《侵权责任法通论总论——责任成立法》，法律出版社 2011 年版，第 479 页；王利明：《侵权责任法研究》（上卷），中国人民大学出版社 2010 年版，第 412~413 页。

关系、过错）或者四要件（加害行为、损害后果、因果关系、过错），本来是要承担责任的，但鉴于该行为是不可抗力所导致，应当免责。此种情形中的不可抗力才是真正的免责事由。按照《信息网络传播权保护条例》第20～22条的规定，网络服务提供者是否满足归责的构成要件，并不确定，在无法确定归责条件成就的情况下，当然无法进行免责。责任是否产生，尚未明确，何以免责？实际上，《信息网络传播权保护条例》第20～22条规定的条件，均为排除网络服务提供者主观过错的类型，属于侵权责任构成要件的否定性条款，并不是侵权责任构成要件符合之后的免责条款。也就是说，满足《信息网络传播权保护条例》第20～22条规定的条件的，网络服务提供者没有过错，不用承担侵权赔偿责任，而不是符合归责条件之后的免责。因此，我国法上的"避风港"或"免责"条款完全不同于美国法中的"避风港"或免责条款。

本书认为，我国《信息网络传播权保护条例》第20～22条的规定，是网络服务提供者的主观过错抗辩条款，网络服务提供者可以据此提出其主观上不具备过错的抗辩，从而否认侵权责任成立。对此，分别论述如下。

第20条规定："网络服务提供者根据服务对象的指令提供网络自动接入服务，或者对服务对象提供的作品、表演、录音录像制品提供自动传输服务，并具备下列条件的，不承担赔偿责任：（一）未选择并且未改变所传输的作品、表演、录音录像制品；（二）向指定的服务对象提供该作品、表演、录音录像制品，并防止指定的服务对象以外的其他人获得。"该条规定中的网络服务提供者是网络接入服务提供者，例如中国电信公司、中国联通公司等，他们提供网络自动接入和传输服务，属于底层的网络服务，一般无法控制和影响通过其网络传输的信息。

上述第（一）（二）项规定的条件是足以排除网络接入服务提供者主观过错的条件，只要网络接入服务提供者满足上述两个条件，就是中立的网络服务提供者，对在其提供的网络服务中发生的网络用户侵权行为不存在主观过错，法官应当认定网络服务提供者未实施间接侵权行为，不承担侵权赔偿责任。

第 21 条规定："网络服务提供者为提高网络传输效率，自动存储从其他网络服务提供者获得的作品、表演、录音录像制品，根据技术安排自动向服务对象提供，并具备下列条件的，不承担赔偿责任：（一）未改变自动存储的作品、表演、录音录像制品；（二）不影响提供作品、表演、录音录像制品的原网络服务提供者掌握服务对象获取该作品、表演、录音录像制品的情况；（三）在原网络服务提供者修改、删除或者屏蔽该作品、表演、录音录像制品时，根据技术安排自动予以修改、删除或者屏蔽。"该条规定中的网络服务提供者为信息自动缓存服务提供者。自动缓存是基于提升网络传输效率的需要，由计算机网络系统自动进行的临时存储，计算机系统无法区分合法信息和非法信息。上述第（一）（二）（三）项规定的条件是足以排除自动缓存服务提供者主观过错的条件，只要自动缓存服务提供者满足上述三项规定条件，就是中立的网络服务提供者，对在其提供的网络服务中发生的网络用户侵权行为不存在主观过错，法官应当认定网络服务提供者未实施间接侵权行为，不承担侵权赔偿责任。

第 22 条规定："网络服务提供者为服务对象提供信息存储空间，供服务对象通过信息网络向公众提供作品、表演、录音录像制品，并具备下列条件的，不承担赔偿责任：（一）明确标示该信息存储空间是为服务对象所提供，并公开网络服务提供者的名称、联系人、网络地址；（二）未改变服务对象所提供的作品、表演、录音录像制品；（三）不知道也没有合理的理由应当知道服务对象提供的作品、表演、录音录像制品侵权；（四）未从服务对象提供作品、表演、录音录像制品中直接获得经济利益；（五）在接到权利人的通知书后，根据本条例规定删除权利人认为侵权的作品、表演、录音录像制品。"该条规定中的网络服务提供者为信息存储空间服务提供者。上述第（一）（二）（三）（四）（五）项规定的条件是足以排除信息存储空间服务提供者主观过错的条件，只要信息存储空间服务提供者的行为同时满足上述五个条件，说明信息存储网络服务提供者仅提供中立的信息存储空间服务，符合技术中立、服务中立的原则，没有参与非法作品的传播活动，在提供中立的网络服务过程中没有过错，依据过错责任原则，当然不必承担侵权赔偿责任。

第 23 条规定："网络服务提供者为服务对象提供搜索或者链接服务，在接到权利人的通知书后，根据本条例规定断开与侵权的作品、表演、录音录像制品的链接的，不承担赔偿责任；但是，明知或者应知所链接的作品、表演、录音录像制品侵权的，应当承担共同侵权责任。"该条规定的网络服务提供者为搜索链接服务提供者。搜索链接服务，❶ 是由计算机程序系统按照事先设定的程序自动进行的搜索和链接服务，计算机程序无法判断搜索链接对象的合法性，而仅对客观信息进行搜索链接服务。因此，只有在搜索链接服务提供者知道所链接的对象为侵权信息还不采取断链措施的，才具有主观过错。搜索链接服务提供者在接到权利人的通知书或者通过其他渠道知道所链接的对象为侵权信息后，采取断开链接措施的，就不具有主观过错。因此，该法条前半段规定的条件是排除搜索链接服务提供者主

---

❶ 此处所述的搜索链接服务是指面向全部互联网系统的搜索链接服务，而不包括仅面向特定网站的定向搜索链接服务。

观过错的条件，但是这个条件并不充分，还必须考虑该法条后半段的"但是"规定。只有"未接到权利人的通知"和"不知道被链接的对象为侵权信息"两个条件同时满足，才是排除搜索链接服务提供者的主观过错的充分条件。法官在司法个案中，首先应当判断被起诉的搜索链接服务提供者是否接到了权利人的通知，如果没有接到通知，则进一步判断搜索链接服务提供者对被链接的对象为侵权信息是否知道，如果不知道，则搜索链接服务提供者不具备主观过错，其行为不构成间接侵权行为，无须承担侵权赔偿责任。

我国对于一般侵权行为的归责实行过错责任原则，在法律有例外规定的情况下，才能要求行为人在不具备主观过错的情况下承担责任。网络服务提供者责任和知识产权侵权责任的归责并无特别规定，应当实行过错责任原则，因此，对于网络环境下发生的知识产权侵权案件，要追究网络服务提供者的间接侵权责任，应当实行过错责任原则。但是，如何判断网络服务提供者的主观过错，是一个非常复杂的问题。一方面，网络环境下发生的知识产权侵权问题非常多，知识产权权利人往往认为网络服务提供者对于侵权行为的发生具有过错，基于维权的便利，往往会起诉网络服务提供者，要求其承担责任。另一方面，网络服务提供者会抗辩认为，其仅提供中立的网络技术服务，没有参与网络用户实施的侵权行为，没有过错，不应当承担侵权责任。由于在司法个案中判断网络服务提供者对于网络用户实施的侵权行为是否具有主观过错是非常复杂的问题，因此，立法机关在可能的情况下，应当尽量作出清晰的规定，供法官适用。《信息网络传播权保护条例》第 20~22 条是明确排除网络服务提供者的主观过错的规定，它提示司法人员判断网络服务提供者是否存在主观过错的简便方法就是逐一判断其行为是否符合相应法条规定的全部条件，凡是符合全部条件的，就可以认定网络服务提供者不具备主观过错，无须承担赔偿责任。这种规定简单清晰，具有重要意义。第一，上述规定为司法提供了极具操作性的规定，司法人员据此容易判断网络服务提供者在提供网络服务过程中是否存在主观过错，减小了司法认定的难度，增加了司法认定的确定性，有利于统一裁判，从而为网络案件的裁判提供了稳定的预期。第二，上述规定为网络服务提供者指明了行为边界，提供了行为规范，只要网络服务提供者按照上述规定开展业务，就不用担心承担侵权赔偿责任。

综上，我国《信息网络传播权保护条例》第 20～22 条的规定并不是免责条款，而是网络服务提供者的过错抗辩条款，为了形象一些，称为"避风港"规则，亦无不可。不过，我们始终要记住，我国的"避风港"规则和美国法的"避风港"规则不是一个体系的概念，不可同日而语。美国的"避风港"规则是真正的免责条款，我国的"避风港"规则是阻却责任成立的过错抗辩条款，不是责任成立之后的免责条款。

由于《信息网络传播权保护条例》第 20～22 条的规定不是免责条款，而是网络服务提供者的过错抗辩条款，因此，在司法实践中，法官在个案中应当从主观过错要件的角度进行认定和阐述，而不应当从免责的角度进行认定和论述，只有这样作出的裁判才符合我国法律体系的逻辑。

二、如何解释和适用"通知与删除"规则

"通知与删除"规则是"避风港"规则的重要内容，是维系网络服务提供者与知识产权权利人利益平衡的重要工具，也是判断网络服务提供者是否承担帮助侵权责任的重要制度。自从美国 DMCA 中首创"通知与删除"规则以来，各国纷纷效仿。

我国《侵权责任法》第 36 条第 2 款和《信息网络传播权保护条例》第 22 条、第 23 条也规定了"通知与删除"规则。

（一）"通知与删除"规则的意义

第一，"通知与删除"规则是维系网络服务提供者与知识产权权利人利益平衡的重要工具。网络世界的信息是海量的，要求网络服务提供者逐个甄别侵权信息并采取相应措施，超出了网络服务提供者的能力。因为，一方面，网络服务提供者无法判断哪些信息是权利人上传或者经权利人许可上传的，哪些信息是未经权利人许可上传的；另一方面，由于知识产权的侵权判定非常复杂，要求网络服务提供者作出判断，在很多情况下超出其能力范围。即使甄别侵权信息未超出网络服务提供者的经营能力，也会给网络服务提供者施加太大的经营负担，大大提高网络服务业的准入门槛，妨害网络服务业的正常发展。因此，为了保障网络服务业的正常发展，网络侵权制度的一个预设前提是网络服务提供者不负有调查网络侵权信息的一般义务。调查侵权信息的义务交由权利人一方负担，这种制度安排相对于交由网络服务提供者一方调查的制度安排更有效率，因为权利人知道其对哪些信息享有知识产权，面对网络上的信息，容易做出该信息是否侵权信息的判断。由知识产权权利人调查获取侵权信息，并通知网络服务提供者，由网络服务提供者在接到权利人通知后作出删除处理，是相对而言比较合理也是富有效率的制度安排。❶ 这种制度安排既保护了知识产权权利人的合法权益，也未给网络服务提供者施加太大的经营负

---

❶ See Stacey Dogan, Principled Standards vs. Boundless Discretion: A Tale of Two Approaches to Intermediary Trademark Liability Online, Columbia Journal of law & The arts (2014), at 509.

担，有利于维系网络服务提供者和知识产权权利人之间的利益平衡。

第二，"通知与删除"规则是减轻网络服务提供者经营风险的重要手段。网络上的信息是海量的，要求网络服务提供者对网络上的信息是否属于侵权信息作出判断，往往超出其能力。如果网络服务提供者作出了错误的判断，就会面临来自权利人或者信息上传人的指控。一方面，如果相关信息确属侵权信息，网络服务提供者未作出侵权判断从而也未予处理，权利人会追究其责任。另一方面，如果相关信息不属于侵权信息，网络服务提供者作出了属于侵权信息的判断并采取措施，则信息的上传人会要求其承担相应责任。因此，要求网络服务提供者进行判断，风险太大。如果设置了"通知与删除"规则，由权利人负责调查侵权信息并通知网络服务提供者，后者负责采取删除措施，这样网络服务提供者就可以免予承担自行调查、判断侵权信息的风险和负担。

第三，"通知与删除"规则是判断网络服务提供者是否承担帮助侵权责任的重要制度。网络服务提供者承担帮助侵权责任的一个要件是其具有主观故意，判断网络服务提供者具有主观故意的方法是认定其知道网络用户的侵权行为后还未采取阻止侵权的必要措施。"通知"程序是证明网络服务提供者"知道"网络用户的侵权行为的重要和有效的手段，也是避免网络服务提供者陷入判断网络信息是否属于侵权信息的泥潭的重要制度安排。有了"通知与删除"规则，网络服务提供者接到权利人通知后，只要删除涉嫌侵权信息即可免于承担责任。如果其不采取删除措施，涉嫌侵权信息最终被认定为侵权信息，则网络服务提供者就应当承担帮助侵权责任。

（二）如何理解《信息网络传播权保护条例》中的"通知与删除"规则和"反通知与恢复"规则

我国《信息网络传播权保护条例》第 14 条确立了"通知"规则，第 15 条确立了"删除"规则，第 16 条确立了"反通知"规则，第 17 条确立了"恢复"规则。此外，我国《侵权责任法》第 36 条第 2 款也规定："网络用户利用网络服务实施侵权行为的，被侵权人有权通知网络服务提供者采取删除、屏蔽、断开链接等必要措施。网络服务提供者接到通知后未及时采取必要措施的，对损害的扩大部分与该网络用户承担连带责任。"以上法条确立了我国著作权法领域的"通知与删除"规则和"反通知与恢复"规则。

由于《信息网络传播权保护条例》第 15 条、第 17 条均使用了"应当"的表述，应当质疑的第一个问题是如何理解"应当"的含义，网络服务提供者是否负有"删除"和"恢复"的义务？

第 15 条的表述为："网络服务提供者接到权利人的通知书后，应当立即删除涉嫌侵权的作品、表演、录音录像制品，或者断开与涉嫌侵权的作品、表演、录音录像制品的链接，并同时将通知书转送提供作品、表演、录音录像制品的服务对象；服务对象网络地址不明、无法转送的，应当将通知书的内容同时在信息网络上公告。"该条中"应当"一词容易让人误认为网络服务提供者负有删除侵权信息的义务。一般而言，"应当"确实是设定义务的法律用语。但是，对"应当"一语的解释也不能过于机械。"应当"是否设定了义务，要看条文是否设定了法律后果，如果设定了法律后果，则表明"应当"设定了法律义务，如果没有设定法律后果，就不应当认为"应当"设定了法律义务。第 15 条并没有设定法律后果，而且也不可能设定法律后果。如果网络服务提供者接到权利人通知后，采取删除措施是一项义务，则意味着违反义务要承担法律责任，不管涉嫌侵权的信息到底是不是侵权信息，网络服务提供者不采取删除措施，都必须承担法律责任。这显然不能成立。因为如果涉嫌侵权的信息最终被司法认定为合法信息，就不存在直接侵权行为，也就不存在法律责任，此时仅仅因为网络服务提供者未采取删除措施而要求其承担法律责任，显然是不合理的。因此，第15条并未设定删除义务，不是裁判规范，而只能是倡导性规范❶，旨在提倡网络服务提供者采用特定的行为模式。如果网络服务提供者不采用特定的行为模式，则要面临承担法律责任的风险，但是，到底要不要承担法律责任，要看法院最终认定涉嫌侵权信息是否构成侵权信息。这个结论也可以从《侵权责任法》第36条第2款的规定解读出来。根据该款的规定，网络服务提供者接到权利人的通知后未及时采取必要措施的，对损害的扩大部分与该网络用户承担连带责任。也就是说，只有最后证明涉嫌侵权的信息为侵权信息，直接侵权行为成立了，损害发生了，网络服务提供者才需要承担连带责任。如果涉嫌侵权的信息不是侵权行为，直接侵权行为未成立，损害未发生，网络服务提供者当然不需要承担责任。因此，是否采取删除措施可以由网络服务提供者决定，只是它要承担相应的风险，一旦决定错误就要承担连带赔偿责任。综上，"通知与删除"规则中的"删除"并不是网络服务提供者的义务，而只是法律提倡的行为模式。网络服务提供者为了避免风险，最好采取删除措施。

同理，第17条设定的"恢复"规则也是倡导性条款，而不

---

❶ 所谓倡导性规范，即提倡和鼓励当事人采用特定行为模式的法律规范，参见王轶：《论倡导性规范——以合同法为背景的分析》，载《清华法学》2007年第1期。

是网络服务提供者的义务条款。

（三）"通知与删除"规则、"转通知"规则和"反通知与恢复"规则是否适用于侵害商标权、专利权案件

我国《侵权责任法》第36条第2款设立了"通知与删除"规则，按字面含义，该项规则适用于所有侵权案件，亦即在侵害商标权和专利权案件中也应当适用。但是，该项规则存在缺陷，为了契合帮助侵权责任的构成应当满足"知道"要件的法理，法院在司法过程中应当采用目的性限缩的法律解释方法，在该款规定中增加一个"知道"要件，将该款规定限缩为"网络服务提供者接到通知后，知道网络用户的侵权行为，未及时采取必要措施的，对损害的扩大部分与该网络用户承担连带责任。"正如本书第四章第三节第五部分所述，"通知与删除"规则适用于侵害信息网络传播权案件，原则上也适用于侵害商标权案件，但一般情况下不能适用于侵害专利权案件。当然，这里的"必要措施"作狭义理解，限于"删除、屏蔽、断开链接"等直接阻断网络用户行为效果的措施。

问题在于，《侵权责任法》并没有规定"转通知"和"反通知与恢复"规则，《商标法》亦未作出相应的规定，如果电子商务平台提供者在实践中类推适用《信息网络传播权保护条例》中的"转通知"和"反通知与恢复"规则，在收到被商标权人指控的网络卖家的"反通知"后，恢复了相关商品、商标信息的，商标权人起诉电子商务平台提供者，应该如何处理？本书认为，法院可以类推适用《信息网络传播权保护条例》中的"转通知"和"反通知与恢复"规则，认定电子商务平台提供者提供网络服务的行为不构成侵权行为，理由如下：

第一，"通知与删除"规则、"转通知"规则和"反通知与恢复"规则是确保网络服务提供者的中立角色而构建的规则，

旨在维护网络服务提供者的中立角色，免除其调查和判断网络用户的行为是否构成侵权行为的风险负担。电子商务平台提供者提供交易平台，供买卖双方从事商品交易行为，为了鼓励电子商务平台提供者保持中立的网络角色，免除其调查和判断网络用户的行为是否构成侵权行为的风险负担，应当准予其采用"转通知"规则和"反通知与恢复"规则开展相关业务。

第二，电子商务平台提供者并不是司法机关，由其根据商标权人发出的侵权通知进行侵权比对和判断，并采取删除、屏蔽、断开链接等必要措施，具有一定风险。为了减小网络服务提供者的此种风险负担，应当允许其采用"转通知"规则和"反通知与恢复"规则。

第三，从利益平衡的角度，既然给予商标权人发出"通知"的权利，就应当给予网络卖家发出"反通知"的权利，这样才能保证双方地位的平等。网络卖家实施的行为到底有没有侵害商标权人的商标权，不能仅听商标权人的一面之词，也应当听取网络卖家的意见。如果商标权人和网络卖家各执一词，电子交易平台提供者只能保持中立，将删除的商品、商标信息恢复原状，商标权人应当另行向法院起诉网络卖家。如果不贯彻"通知与删除"规则、"转通知"规则和"反通知与恢复"规则，一旦商标权人发出的错误通知导致电子商务平台提供者采取了删除措施，可能会给网络卖家造成难以弥补的损失，这是因为尽管网络卖家可以起诉商标权人要求赔偿损失，但由此带来的诉讼成本以及商业机会的丧失可能是难以承受的。

综上，在侵害商标权案件中可适用"通知与删除"规则，并可以类推适用"转通知"规则和"反通知与恢复"规则。

同理，在侵害专利权案件中，尽管法院不应当将"通知与删除"规则适用于电子商务平台提供者并要求其承担连带责任，但是，如果电子商务平台提供者在开展业务过程中采用了"通知与删除"规则，则也应当准予其采用"转通知"规则和"反通知与恢复"规则。

三、商标法和专利法中是否应当建立"避风港"规则

美国法中，只有 DMCA 规定了"通知与删除"规则、"转通知"规则和"反通知与恢复"规则，商标法和专利法并未明确规定"通知与删除"规则、"转通知"规则和"反通知与恢复"规则。我们目前的《商标法》和《专利法》中亦未规定"通知与删除""转通知"和"反通知与恢复"等避风港规则。但是，国务院法制办公室于 2015 年 12 月 2 日发布的《中华人民共和国专利法修订草案（送审稿）》[1] 第 63 条第 2 款规定：专利权人或者利害关系人有证据证明网络用户利用网络服务侵犯其专利权或者假冒专利的，可以通知网络服务提供者采取删除、屏蔽、断开侵权产品链接等必要措施予以制止。网络服务提供者接到合格有效的通知后未及时采取必要措施的，对损害的扩大部分与该网络用户承担连带责任。该款确立了专利法领域的"通知与删除"规则。王迁对此条款进行了批判，认为著作法中的"通知与删除"规则无法简单地移植到专利法中。[2] 因此，我们需要思考的一个问题是，商标法和专利法领域是否应当参考《著作权法》，建立"通知与删除"规则、"转通知"规则和"反通知与恢复"规则？

---

[1] 该文载于国务院法制办公室官网 http://www.chinalaw.gov.cn/article/cazjgg/201512/20151200479591.shtml，访问时间：2016 年 4 月 7 日。

[2] 王迁：《论"通知与移除"规则对专利领域的适用性——兼评〈专利法修订草案（送审稿）〉第 63 条第 2 款》，载《知识产权》2016 年第 3 期。

（一）《商标法》和《专利法》中应当建立"避风港"规则

近几年来，我国电子商务发展迅速，电子商务中涌现了许多商标权侵权纠纷和专利权侵权纠纷。为了有效治理电子商务中的商标权侵权和专利权侵权纠纷，《商标法》和《专利法》中也应当建立类似于"通知与删除"规则、"转通知"规则和"反通知与恢复"的规则，理由如下。

第一，电子商务环境下，侵害商标权和专利权的案件是普遍性的，遍地开花，如果由商标权人和专利权人逐个地去起诉网络卖家，这种侵权治理效果肯定不好。为了提升网络侵权治理效果，商标权法和专利法领域也应当建立以网络服务提供者为中心的侵权治理机制。这个道理就和当初著作权法领域为了提升网络环境下的侵权治理效果而建立了以网络服务提供者为中心的侵权治理机制一样。

第二，《侵权责任法》第 36 条第 2 款确立的"通知与删除"规则，从字面含义上解释，可以适用于侵害商标权和专利权案件，因此，法院在司法实践中极有可能将该款规定适用于侵害商标权和专利权案件。但是，正如本书第四章分析的，这种司法实践会背离帮助侵权责任的构成须满足"知道"要件的法理，造成不公。鉴于侵害信息网络传播权案件、侵害商标权案件和侵害专利权案件的差异性，"通知与删除"规则对于三类案件并不具有统一适用性，因此，在未来的立法中，有必要进一步修改和完善"通知与删除"规则。修改的路径有二：一是对《侵权责任法》第 36 条第 2 款进行修改以适应各类侵权案件；二是分别在《商标法》和《专利法》中建立类似于著作权法领域的"通知与删除"规则、"反通知与恢复"规则。由于《侵权责任法》是一部侵权基本法，调整的权利客体很广，对《侵权责任法》第 36 条第 2 款作出修法调整，并不容易，因此，第一方案的可行性较差。比较可行的是第二种方案，即分别在《商标法》和《专利法》中建立类似于著作权法领域的"通知与删除"规则、"转通知"规则和"反通知与恢复"规则。这样，《侵权责任法》第 36 条第 2 款是一般规定，《商标法》和《专利法》中的相关规定是特殊规定，知识产权案件应当适用《商标法》和《专利法》中的特殊规定，而其他案件则可以适用《侵权责任法》第 36 条第 2 款的一般规定。

（二）《商标法》和《专利法》应当建立"通知—转通知—删除"模式的"避风港"规则

《商标法》和《专利法》不能简单地移植著作权法上的"通知与删除"规则、"转通知"规则、"反通知与恢复"规则，而应当有所变通，建立"通知—转通知—删除"规则。

由于商标权案件和专利权案件的特殊性，而且考虑到电子商务中知识产权权利人、电子商务平台提供者和网络卖家的利益平衡，在《商标法》和《专利法》中并不能完全移植著作权法领域的"通知与删除"规则、"转通知"规则和"反通知与恢复"规则。根据著作权法领域的相关规则，网络服务提供者收到权利人的通知后，应当立即采取删除措施，并将该通知转送给被指控侵权的网络用户，网络用户有异议的，可以作出"反通知"，网络服务提供者再采取"恢复"措施。❶ 这中间，每个环节都要花费时间。不过，在著作权法领域，由于网络用户一般都是免费分享相关作品，即使权利人发出了错误通知导致网络服务提供者采取了删除措施，对该网络用户也不会造成多大的损失，甚至不会造成损失。因此，上述每个环节即使花费一定时间，也无大碍。但是，对于电子商务环境下的网络卖

---

❶ 参见《信息网络传播权保护条例》第 14、15、16、17 条。

家而言，商业机会非常宝贵，时间就是金钱，如果简单移植著作权法上的"通知与删除"规则、"转通知"规则和"反通知与恢复"规则，则极有可能由于权利人的错误通知或者作为同业竞争者的权利人的恶意通知，而造成网络卖家的巨大利益损失。商业机会稍纵即逝，损失往往难以事后弥补。因此，较妥当的办法是对"通知与删除"规则、"转通知"规则和"反通知与恢复"规则予以调整，改为"通知—转通知—删除"规则。电子商务平台提供者收到权利人作出的合格"通知"后，为了避免错误的通知和删除措施给网络卖家造成难以弥补的损失，先不采取删除措施，而是将该"通知"转送给网络卖家，限其在若干天内作出答复。如果网络卖家作出了"反通知"，对权利人的主张提出了异议，则电子商务平台提供者不应当采取删除措施，但应当向权利人披露网络卖家的身份信息，权利人可以直接向法院起诉网络卖家。如果网络卖家在规定期限内对"通知"未予答复，则视为默认"通知"中的权利人的主张，即网络卖家的侵权行为成立。此种情况下，电子商务平台提供者应当采取删除措施，否则构成帮助侵权行为，应当承担帮助侵权责任。

综上，由于在著作权法领域，网络用户对其在网络平台上免费分享的作品并不享有多大的商业利益，采用"通知与删除"规则、"转通知"规则和"反通知与恢复"规则，并不会给该网络用户造成多大的损失；相反，如果不事先采取删除措施，却可能给权利人造成难以弥补的损失，因此，该规则是合理的。但是，在商标法和专利法领域，由于电子商务平台上的网络卖家的商业机会和时间对其极其重要，如果也采用"通知与删除"规则、"转通知"规则和"反通知与恢复"规则，电子商务平台提供者先行采取删除措施，则可能会给网络卖家造成难以弥补的商业损失。因此，公平的做法是，采用"通知—转通知—删除"措施，先由电子商务平台提供者将权利人作出的"通知"转送给网络卖家，网络卖家对"通知"无异议的，电子商务平台提供者再采取删除措施。

本章小结

网络服务提供者在经营网络服务中，应当恪守技术中立、服务中立的原则，不得间接侵害他人的知识产权，否则要承担侵权责任。但是，责任应当有限度。为此，各主要国家、地区都规定了"避风港"规则。

我国《信息网络传播权保护条例》第 20~23 条被称为"避风港"规则。但是，我国的"避风港"规则与美国法中的"避风港"规则显然有别。美国法中的"避风港"规则是免责条款，而我国的"避风港"规则不是免责条款，而是网络服务提供者的过错抗辩条款。

"通知与删除"规则是"避风港"规则的重要内容。我国《信息网络传播权保护条例》第 14 条、第 15 条、第 16 条及第 17 条确立了"通知—删除—反通知—恢复"规则。其中，"删除"和"恢复"规则是倡导性条款，而不是网络服务提供者的法定义务条款，网络服务提供者未遵守上述规则，并不一定会承担侵权责任，只有司法认定直接侵权行为成立的，网络服务提供者才会因为未遵守上述规则而承担侵权责任。

我国《侵权责任法》第 36 条第 2 款也确立了"通知与删除"规则，但是未确立"反通知与恢复"规则。"通知与删除"规则的背后法理是帮助侵权责任，该项规则对于侵害知识产权案件并不具有统一的适用性，在未来的立法中，有必要进一步修改和完善"通知与删除"规则。可采用的路径是分别在《商标法》和《专利法》中建立"通知—转通知—删除"规则。修法之后，《侵权责任法》第 36 条第 2 款是一般规定，《商标法》和《专利法》中的"通知—转通知—删除"规则是特殊规定，知识产权案件应当优先适用特殊规定，这并不影响《侵权责任法》第 36 条第 2 款作为一般规定在其他领域的适用。

结　语

一、网络服务提供者间接侵害知识产权之责任制度应当调整

（一）在立法层面上，应构建三元责任制度

我国目前由教唆侵权责任和帮助侵权责任构成的网络服务提供者间接侵权责任制度，在责任的类型化和体系化方面均有不足，无法适应网络侵权治理的需要，应当构建由教唆侵权责任、帮助侵权责任和替代责任构成的三元责任制度。

第一，我国目前的网络服务提供者责任的类型化不足。我国目前调整网络服务提供者间接侵权责任的法律规范包括《侵权责任法》第9条及第36条第2、3款，《信息网络传播权保护条例》第23条，以及《商标法》第57条第（6）项和《商标法实施条例》第75条。上述条款确立的网络服务提供者间接侵害知识产权的责任类型包括教唆侵权责任和帮助侵权责任，该两类责任均以网络服务提供者主观上具有教唆或帮助的故意为要件。

由教唆侵权责任和帮助侵权责任构成的间接侵权责任制度尚不周全，不足以适应网络侵权治理的需要。为了克服责任类型化不足的弊端，我们应当完善网络服务提供者的间接侵权责任类型，构建由教唆侵权责任、帮助侵权责任和替代责任构成

的三元责任制度。教唆侵权责任调整网络服务提供者故意教唆网络用户侵权的行为；帮助侵权责任调整网络服务提供者故意帮助网络用户侵权的行为；替代责任适用于网络服务提供者具有监督和控制网络用户的侵权行为的权利和能力，又从网络用户的侵权行为中直接获得经济利益的情形。三种责任类型分工协作，共同调整网络服务提供者的间接侵害行为。

第二，我国目前的网络服务提供者间接侵权责任制度的体系化有欠缺。从法律体系上言，《侵权责任法》是侵权法的一般法，《著作权法》《商标法》及《专利法》中的侵权条款是特别法。但是，《侵权责任法》调整网络服务提供者间接侵权责任的条文仅有第9条、第36条，而且两个法律条款非常粗略，并未规定完善的"通知与删除"规则、"转通知"规则和"反通知与恢复"规则。在著作权法层面上，《信息网络传播权保护条例》对网络服务提供者的义务、责任以及责任的限制作出了比较完整的规定，但也仍然有值得检讨和完善的地方。《商标法》的规定仅有一条，非常粗略。《专利法》则未提供规范。在网络服务业日益发达的形势下，目前的责任制度无法满足实践的需要，应当完善有关法律，形成体系化的法律规范。

（二）在司法层面上，应当检讨

现行司法实践中对《侵权责任法》第36条第3款和《信息网络传播权保护条例》第23条规定的解释和适用，超出了法律解释的合理边界，抵触了该项规定确立的帮助侵权责任制度的基本法理，应当检讨。

我国现行的网络服务提供者间接侵权责任类型仅包括教唆侵权责任和帮助侵权责任，两种责任均为故意侵权责任，调整范围有限，不足以规制网络环境下的间接侵权行为。在司法实践中，为了扩大网络服务提供者的责任范围，法院通过法律解释技术，将《侵权责任法》第 36 条第 3 款和《信息网络传播权保护条例》第 23 条确立的网络服务提供者的连带责任扩大化，确立了网络服务提供者的过失责任。其基本方法是，赋予网络服务提供者注意义务，在司法个案中认定网络服务提供者违反了预防网络用户侵害他人知识产权的注意义务，从而判决其承担连带责任。最高人民法院通过〔2012〕20 号文件对此种裁判做法予以了正式确认。本书将这种司法裁判思路称为"网络服务提供者注意义务论"。但是，正如本书第一章所述，网络服务提供者注意义务论既缺乏合法性，也缺乏合理性，其对《侵权责任法》第 36 条第 3 款规定中的"知道"和《信息网络传播权保护条例》第 23 条规定中的"应知"的解释，具有诸多缺陷，这种司法之策并非长久之计，应当反思。

本书认为，《侵权责任法》第 36 条第 3 款规定中的"知道"应当解释为包括"明知"和"推定知道"，《信息网络传播权保护条例》第 23 条规定中的"应知"应当解释为"推定知道"，而不包括"应知"但违反注意义务而"不知道"的情形。《侵权责任法》第 36 条第 3 款规定的连带责任为帮助侵权连带责任，基于帮助侵权责任以帮助人的主观故意为要件的法理，该款规定中的网络服务提供者应当有帮助的故意，才需承担连带责任。因此，"知道"应当解释为包括"明知"和"推定知道"（亦可以称为"有理由知道""有理由应当知道"），而不包括"应知"而"未知"的情形。在最高人民法院法释〔2012〕20 号文件将"知道"解释为包括"应知"的情况下，我们应当将"应知"解释为"推定知道"，而不应当解释为"应知"但违反注意义务的"不知道"。网络服务提供者"明知"网络用户的侵权行为，还为其提供网络服务的，具有现实的帮助故意，应当承担帮助侵权连带责任。网络服务提供者"有理由知道"（司法上可推定其"知道"）网络用户的侵权行为，还为其提供网络服务的，司法上可推定其具有帮助网络用户侵权的故意，应当承担帮助侵权连带责任。唯有对"知道"作如此解释，才符合帮助侵权责任以帮助人的主观故意为要件的基本法理。

(三)　现行的"避风港"规则应当予以完善

本书第六章的研究表明，由于侵害信息网络传播权案件、侵害商标权案件和侵害专利权案件的差异性，《侵权责任法》第36条第2款确立的"通知与删除"规则并不能普遍适用于上述三类案件。但是，我国《商标法》和《专利法》中并没有规定专门的"避风港"规则，因此，客观上存在法律规则供给不足的问题。在当前电子商务快速发展的时代背景下，为了平衡知识产权权利人、网络服务提供者和网络用户之间的利益，有必要针对网络环境下侵害商标权和专利权案件的特点，构建商标法和专利法领域的"避风港"规则。

二、重构网络服务提供者间接侵害知识产权之责任制度的方法和路径

首先，为了克服现行间接侵权责任类型化不足的弊端，我们应当完善网络服务提供者的间接侵权责任类型，构建由教唆侵权责任、帮助侵权责任和替代责任构成的三元责任制度。教唆侵权责任调整网络服务提供者故意教唆网络用户侵权的行为；帮助侵权责任调整网络服务提供者故意帮助网络用户侵权的行为；替代责任适用于网络服务提供者具有监督和控制网络用户的侵权行为的权利和能力，又从网络用户的侵权行为中直接获得经济利益的情形。三种责任类型分工协作，共同调整网络服务提供者的间接侵害行为。

其次，应当针对网络环境下侵害信息网络传播权、商标权

和专利权的特点，构建适用于各自领域的"避风港"规则。为了平衡知识产权权利人、网络服务提供者和网络用户之间的利益，在《商标法》和《专利法》中不能简单照搬《信息网络传播权保护条例》中的"通知与删除"规则、"转通知"规则和"反通知与恢复"规则，而应当建立"通知—转通知—删除"规则，即网络服务提供者收到权利人发送的侵权通知之后，并不立即采取"删除"等措施，而是将权利人的通知转递给网络用户（即"转通知"），限其在一定期限内答复。如果网络用户在一定期限内未答复的，视为其默认权利人作出的侵权通知上的内容，网络服务提供者应当采取"删除"等措施。如果网络用户在一定期限内答复并提出异议的，网络服务提供者不采取"删除"等措施，而是将网络用户的答复和异议转递给权利人，并向权利人披露网络用户的身份信息，权利人可以向法院提起诉讼。修法之后，《侵权责任法》第 36 条第 2 款是一般规定，《商标法》和《专利法》中的"通知—转通知—删除"规则是特殊规定，知识产权案件应当优先适用特殊规定，这样并不影响《侵权责任法》第 36 条第 2 款作为一般规定在其他领域的适用。

具体的修法路径如下。

路径之一：进一步丰富和完善《侵权责任法》第 36 条的规定，将第 9 条和第 36 条第 2、3 款和《信息网络传播权保护条例》的有关规定整合起来，构建单独的一章，和《侵权责任法》第五章"产品责任"、第六章"机动车交通事故责任"、第七章"医疗损害责任"等并列，命名为"网络服务提供者责任"。在这一章中，专门规定网络服务提供者的侵权责任，包括直接侵权责任和间接侵权责任。间接侵权责任类型包括教唆侵权责任、帮助侵权责任和替代责任。除了规定责任类型外，还要规定

"避风港"规则以及该规则下的"通知与删除"规则、"反通知与恢复"规则。然后，《著作权法》《商标法》和《专利法》可以结合本部门法的特点，对《侵权责任法》中"网络服务提供者责任"的规则予以细化，形成一个以《侵权责任法》为主导和知识产权部门法为补充的完整体系。

路径之二：由于《侵权责任法》是侵权责任基本法，制定实施的时间不太长，短期内修订的可能性不大。在此情况下，也可以采取第二条路径，即在《著作权法》《商标法》和《专利法》等部门法中分别规定"网络服务提供者责任"条款，并规定"避风港"规则，其中《著作权法》应当规定"通知与删除"规则、"转通知"规则和"反通知与恢复"规则，《商标法》和《专利法》中应当规定"通知—转通知—删除"规则。

三、网络服务提供者间接侵害知识产权之责任规范的解释和适用方法应当调整

在目前尚未修法的情况下，为了实现法律逻辑的自洽，同时取得较好的司法效果，应当调整目前司法实践中对《侵权责任法》第36条和《信息网络传播权保护条例》第23条等规定的解释和适用方法。

（一）《侵权责任法》第36条第2款规定的解释和适用

司法实践中有一种观点认为，《侵权责任法》第36条第2款确立的"通知与删除"规则，具有普遍适用性，可以适用于所有的侵害信息网络传播权、商标权、专利权案件。本书不赞同这种观点。《侵权责任法》第36条第2款确立的"通知与删除"规则，其背后的法理是帮助侵权责任规则。帮助侵权责任属于故意侵权责任，以帮助人具有帮助他人实施侵权行为的故意为要件。因此，依据该款规定追究网络服务提供者的连带责

234 | 网络服务提供者间接侵害知识产权之责任制度研究

任，应当以网络服务提供者具有帮助网络用户实施侵权行为的故意为要件。只有网络服务提供者知道网络用户的侵权行为之后，还继续为其提供网络服务（即帮助行为）的，才满足故意要件，才能追究网络服务提供者的帮助侵权责任。根据上述法理来分析，《侵权责任法》第 36 条第 2 款预设的逻辑是：网络服务提供者收到权利人发送的侵权通知后，就知道网络用户的侵权行为，应当采取删除、屏蔽和断开链接等必要措施，否则应当承担侵权连带责任。但是，这一预设逻辑是有缺陷的，因为网络服务提供者收到权利人发送的侵权通知并不等于其知道网络用户的侵权行为。❶ 因此，法院在司法实践中应当采用目的性限缩的法律解释技术，在该款规定中增加"知道"要件，弥补其缺陷，将该款规定限缩为"网络服务提供者接到通知后，知道网络用户的侵权行为，未及时采取必要措施的，对损害的扩大部分与该网络用户承担连带责任。"经此解释，该款规定原则上可适用于侵害信息网络传播权案件和侵害商标权案件，但不能适用于侵害专利权案件。当然，有原则就有例外。个案中是否可以适用，并不能绝对化，应当视具体案情而定，关键在于适用该款规定的结果应当符合帮助侵权责任的基本法理。

（二）《侵权责任法》第 36 条第 3 款规定和《信息网络传播权保护条例》第 23 条规定的解释和适用

《侵权责任法》第 36 条第 3 款规定的连带责任为帮助侵权连带责任，以网络服务提供者具有帮助网络用户实施侵权行为的主观故意为要件，因此，该项规定中的"知道"应当解释为包括"明知"和"推定知道"，"明知"与现实故意相对应，"推定知道"与推定故意相对应。在最高人民法院法释〔2012〕

---

❶ 参见第四章第三节第六部分的相关内容。

20 号文件将"知道"解释为包括"明知"和"应知"的情况下，我们应当将"应知"解释为"推定知道"，而不应当解释为"应知"但违反注意义务的"不知道"。

"明知"，应当用直接证据予以证明；"推定知道"，则用间接证据予以推定。"推定知道"的认定，可以借鉴美国法中的"红旗测试"规则，从主观和客观两个方面进行认定。主观上，网络服务提供者必须意识到了网络用户涉嫌实施侵权行为的事实或情形；客观上，网络用户涉嫌实施侵权行为的事实或情形特别明显，以至于任何一个正常、合理的理性人都能认识到其中存在侵权行为。借鉴美国法上的"红旗测试"规则，我们可以分两步来作出相关认定：第一步，认定网络服务提供者认识到了网络用户涉嫌侵权的事实或情形，这可以通过证据来证明。比如，网络服务提供者对侵权信息进行了编辑、排列等，这些证据足以证明网络服务提供者接触并意识到了涉嫌侵权的事实或情形。即使没有证据证明，有些情况下也可以直接推定。由于我国行政法规及行政规章规定网络信息存储服务提供者负有审查"黄赌毒"内容的义务，网络信息存储服务提供者在实际的经营中都要进行"黄赌毒"内容的审查。实践中，网络信息存储服务提供者往往要对网络信息逐一进行人工筛查，据此就可以推定网络信息存储服务提供者接触和认识到了网络用户涉嫌侵权的信息。第二步，认定网络服务提供者知道网络用户的侵权行为。这一步采取客观标准，即判断涉嫌侵权的事实是不是非常明显，像红旗一样高高飘扬，以至于任何正常合理的人处于同样的情形都能合理地认为侵权行为存在。

另外，根据本书第一章的论述，《信息网络传播权保护条例》第 23 条规定的"共同侵权责任"应当限缩解释为广义共同侵权责任中的帮助侵权责任，该条规定中的"明知或应知"应当与《侵权责任法》第 36 条第 3 款规定中的"知道"的含义保持一致。因此，如上所述，其中的"应知"也应当解释为"推定知道"，其认定方法也可以借鉴美国法上的"红旗测试"规则，从主、客观两个方面进行认定。

参考文献

（一）中文著作

[1] 全国人大常委会法制工作委员会民法室. 中华人民共和国侵权责任法条文说明、立法理由及相关规定［M］. 北京：北京大学出版社，2010.

[2] 最高人民法院侵权责任法研究小组. 《中华人民共和国侵权责任法》条文理解与适用［M］. 北京：人民法院出版社，2010.

[3] 王泽鉴. 侵权行为［M］. 北京：北京大学出版社，2009.

[4] 朱岩. 侵权责任法通论总论——责任成立法［M］. 北京：法律出版社，2011.

[5] 孔祥俊. 网络著作权保护法律理念与裁判方法［M］. 北京：中国法制出版社，2015.

[6] 王迁. 网络环境下著作权保护研究［M］. 北京：法律出版社，2011.

[7] 郑玉波. 民法债编总论［M］. 北京：中国政法大学出版社，2004.

[8] 程啸. 侵权责任法［M］. 北京：法律出版社，2011.

[9] 李扬. 知识产权法基本原理［M］. 北京：中国社会科学出版社，2010.

[10] 李明德. 美国知识产权法：2版［M］. 北京：法律出版社，2014.

[11] 梁慧星. 民法解释学［M］. 北京：中国政法大学出版社，1995.

[12] 全国人民代表大会常务委员会法制工作委员会. 中华人民共和国侵权责任法释义［M］. 北京：法律出版社，2010.

[13] 卓泽渊. 法的价值论 [M]. 北京：法律出版社，2006.

[14] 冯晓青. 知识产权法利益平衡理论 [M]. 北京：中国政法大学出版社，2006.

[15] 钱弘道. 经济分析法学 [M]. 北京：法律出版社，2003.

[16] 张明楷. 刑法学：4 版 [M]. 北京：法律出版社，2011.

[17] 魏东. 教唆犯研究 [M]. 北京：中国人民公安大学出版社，2002.

[18] 史尚宽. 债法总论 [M]. 北京：中国政法大学出版社，2000.

[19] 吴倬. 马克思主义哲学导论 [M]. 北京：当代中国出版社，2002.

[20] 王利明. 侵权责任法研究：上卷 [M]. 北京：中国人民大学出版社，2010.

[21] 王泽鉴. 民法学说与判例研究：第二册 [M]. 北京：北京大学出版社，2009.

[22] 张新宝. 侵权责任构成要件研究 [M]. 北京：法律出版社，2007.

[23] 江伟. 民事证据法学 [M]. 北京：中国人民大学出版社，2011.

[24] 何家弘. 证据学论坛 [M]. 北京：中国检察出版社，2001.

[25] 王迁. 知识产权法教程 [M]. 北京：中国人民大学出版社，2011.

[26] 黄茂荣. 法学方法与现代民法 [M]. 北京：法律出版社，2007.

[27] 张民安. 侵权法上的替代责任 [M]. 北京：北京大学出版社，2010.

[28] 杨立新. 侵权法论 [M]. 北京：人民法院出版社，2013.

[29] 王迁. 网络环境下著作权保护研究 [M]. 北京：法律出版社，2011.

[30] 法国民法典：下册 [M]. 罗结珍，译. 北京：法律出版社，2005.

[31] 德国民法典：4 版 [M]. 陈卫佐，译. 北京：法律出版社，2015.

[32] 于敏. 日本侵权行为法：2 版 [M]. 北京：法律出版社，2006.

（二）中文译著

[1] 彼得·斯坦，约翰·香德. 西方社会的法律价值 [M]. 王献平，

等，译. 北京：中国人民公安大学出版社，1990.

[2] 理查德·A·波斯纳. 法律的经济分析 [M]. 蒋兆康，译. 北京：中国大百科全书出版社，1997.

[3] 霍姆斯. 普通法 [M]. 冉昊，姚中秋，译. 北京：中国政法大学出版社，2006.

[4] 罗伯特·考特，托马斯·尤伦. 法和经济学 [M]. 史晋川，董雪兵，等，译. 上海：格致出版社，2012.

[5] K·茨威格特，H·克茨. 比较法总论 [M]. 潘汉典，米健，高鸿钧，贺卫方，译. 北京：法律出版社，2003.

[6] 美国法律研究院. 侵权法重述第 2 版：条文部分 [M]. 许传玺，石宏，和育东，译. 北京：法律出版社，2012.

[7] 小詹姆斯·A·亨德森，等. 美国侵权法实体与程序 [M]. 王竹，等，译. 北京：北京大学出版社，2014.

[8] 查士丁尼. 法学总论——法学阶梯 [M]. 张企泰，译. 北京：商务印书馆，1989.

[9] 克雷斯蒂安·冯·巴尔. 欧洲比较侵权行为法：上卷 [M]. 焦美华，译. 张新宝，审校. 北京：法律出版社，2001.

[10] 克雷斯蒂安·冯·巴尔. 欧洲俊权行为法：下卷 [M]. 焦美华，译. 张新宝，审校. 北京：法律出版社，2001.

[11] 卡尔·拉伦茨. 法学方法论 [M]. 陈爱娥，译. 北京：商务印书馆，2003.

[12] 田山辉明. 日本侵权行为法 [M]. 顾祝轩，丁相顺，译. 北京：北京大学出版社，2011.

（三）中文博士学位论文

[1] 廖焕国. 侵权法上注意义务比较研究 [D]. 武汉：武汉大学，2005.

[2] 徐伟. 网络服务提供者侵权责任理论基础研究 [D]. 长春：吉林大学，2013.

[3] 于波. 网络中介服务商知识产权法律义务研究 [D]. 上海：华东政法大学, 2013.

（四）中文期刊论文

[1] 史学清, 汪涌. 避风港还是风暴角——解读《信息网络传播权保护条例》第 23 条 [J]. 知识产权, 2009 (2).

[2] 吴汉东. 论网络服务提供者的著作权侵权责任 [J]. 中国法学, 2011 (2).

[3] 崔国斌. 网络服务商共同侵权制度之重塑 [J]. 法学研究, 2013 (4).

[4] 杨立新.《侵权责任法》规定的网络侵权责任的理解与解释 [J]. 国家检察官学院学报, 2010 (2).

[5] 张新宝, 任鸿雁. 互联网上的侵权责任：《侵权责任法》第 36 条解读 [J]. 中国人民大学学报, 2010 (4).

[6] 冯术杰. 网络服务提供者的商标侵权责任认定——兼论《侵权责任法》第 36 条及其适用 [J]. 知识产权, 2015 (5).

[7] 曹险峰. 数人侵权的体系构成——对侵权责任法第 8 条至第 12 条的解释 [J]. 法学研究, 2011 (5).

[8] 姚鹤徽. 论著作权法替代责任制度——兼评我国立法相关条款的完善 [J]. 华中科技大学学报：社会科学版, 2013 (5).

[9] 颜峰. 网络服务提供者的注意义务及侵权责任 [J]. 人民司法, 2014 (8).

[10] 李旭东, 段小兵. 论民法中的利益衡量 [J]. 西南师范大学学报：人文社会科学版, 2005 (6).

[11] 韩赤风. 互联网服务提供者的义务与责任——以《德国电信媒体法》为视角 [J]. 法学杂志, 2014 (10).

[12] 姬新江. 论教唆、帮助行为——以《侵权责任法》为视角 [J]. 河北法学, 2013 (6).

[13] 杨明.《侵权责任法》第 36 条释义及其展开 [J]. 华东政法大学

学报, 2010 (3).

[14] 陈兴良. "应当知道" 的刑法解说 [J]. 法学, 2005 (7).

[15] 皮勇, 黄琰. 论刑法中的 "应当知道" ——兼论刑法边界的扩张 [J]. 法学评论, 2012 (1).

[16] 刘庆辉. 我国商标近似、商品类似的判定：标准、问题及出路 [J]. 知识产权, 2013 (4).

[17] 王迁. 论 "通知与移除" 规则对专利领域的适用性——兼评《专利法修订草案 (送审稿)》第 63 条第 2 款 [J]. 知识产权, 2016 (3).

[18] 郑晓剑. 揭开雇主 "替代责任" 的面纱——兼论《侵权责任法》第 34 条之解释论基础 [J]. 比较法研究, 2014 (2).

[19] 李永军. 论监护人对被监护人侵权行为的 "替代责任" [J]. 当代法学, 2013 (3).

[20] 毛瑞兆. 论雇主的替代责任 [J]. 政法论坛 (中国政法大学学报), 2004 (3).

[21] 张民安. 替代责任的比较研究 [J]. 甘肃政法学院学报, 2009 (5).

[22] 王轶. 论倡导性规范——以合同法为背景的分析 [J]. 清华法学, 2007 (1).

[23] 张少林, 刘源. 刑法中的 "明知"、"应知" 与 "怀疑" 探析 [J]. 政治与法律, 2009 (3).

(五) 英文论文

[1] Catherine Fancher, G. Harvey Dunn Ⅲ. The Trend Toward Limited Internet Service Provider (ISP) Liability for Third Party Copyright Infringement on the Internet: A United States and Global Perspective [J]. Business Law International, 2002 (2).

[2] Thomas C. Folsom. Toward Non-neutral First Principles of Private Law: Designing Secondary Liability Rules For New Technological Uses [J]. Akron Intellectual Property Journal, 2009 (3).

［3］ Edward Lee. Decoding the DMCA Safe Harbors ［J］. Columbia Journal of Law and the Arts, 2008-2009 (32).

［4］ Lital Helman. Pull Too Hard and the Rope May Break: On the Secondary Liability of Technology Providers for Copyright Infringement ［J］. Texas Intellectual Property Law Journal, 2010 (19).

［5］ Annette Kur. Secondary Liability for Trademark Infringement on the Internet: The Situation in Germany and Throughout the EU ［J］. Columbia Journal of Law & the Arts, 2014 (37).

［6］ Thomas Hoeren. Liability for online sevices in Germany ［J］. German Law Journal, 2009 (10).

［7］ Stacey Dogan. Principled Standards vs. Boundless Discretion: A Tale of Two Approaches to Intermediary Trademark Liability Online ［J］. Columbia Journal of Law & the Arts, 2014 (37).

［8］ Eugene C. Kim. Youtobe: Testing the Safe Harbors of Digital Copyright Law ［J］. Southern California Interdisciplinary Law Journal, 2007 (17)

［9］ Charles W. Adams. Indirect Infringement from a Tort Law Perspective ［J］. University of Richmond Law Review, 2008 (42).

［10］ John T. Cross. Contributory Infringement and Related Theories of Secondary Liability for Trademark Infringement ［J］. Iowa Law Review, 1994 (80).

［11］ Jerry Jie Hua. Establishing Certainty of Internet Service Provider Liability and Safe Harbor Regulation ［J］. National Taiwan University Law Review, 2014 (9).

［12］ R. Anthony Reese. The Relationship Between the ISP Safe Harbors and the Ordinary Rules of Copyright Liability ［J］. Columbia Journal of Law and the Arts, 2008-2009 (32).

后　记（一）

我从 2014 年 9 月至 2017 年 6 月在北京师范大学法学院师从韩赤风教授学习知识产权法。能在三年内正常完成博士学业，除了我个人的合理安排之外，与学校老师、单位的领导和同事以及家人的支持是分不开的。

首先，我应当感谢我的导师韩赤风教授以及给予我帮助的其他老师。韩老师比较开明，对我的硬约束不多，尽量让我自由发展，但对我的支持却非常有力，每当我遇到困难和问题时，老师都不遗余力地帮我解决。整个三年期间的学业及博士论文的写作，没有韩老师的指导和帮助，是不可能完成的。对此，我将永远铭记在心。除了韩老师之外，我还要感谢夏利民教授、薛虹教授、宋刚教授和夏扬教授，感谢他们在我的博士论文开题和预答辩中提出的宝贵意见。此外，还要感谢远在美国的刘家瑞老师，我因为对美国法中的一些疑问，通过微信电话向远在美国的刘家瑞老师进行请教，得到了刘老师的细心解答。我能顺利完成博士论文的写作和答辩，与以上诸位老师的指导是分不开的，特此鸣谢。

其次，我要感谢单位的领导和同事。我的工作单位北京市高级人民法院知识产权庭是案件审判和调研督导工作压力非常大的部门，在工作压力这么大的情况下，领导和同事还能支持我出去攻读博士学位，让我非常感激，感谢他们给予的支持和帮助。

　　最后，当然也是最重要的，要感谢我的家人给予的支持。每次当我说要学习时，妻子杨玲玲女士都大方地说"上学，我支持"；每次当我在家里说要写文章时，妻子都把女儿叫过去，不让女儿影响我，尽力为我营造良好的环境，让我专心写作。家是最好的港湾，感谢妻子，也要感谢我的宝贝女儿。

后 记（二）

　　网络服务提供者间接侵害知识产权的责任承担，既是一个老话题，也有新问题，值得关注和研究。本书是在我的博士论文的基础上修订而成，其仅仅是一个阶段性的成果，并不表明研究已经结束。事实上，我对这个领域的学习和研究永远"在路上"。在我向出版社提交书稿之前，《电子商务法》尚未公布。2018 年 8 月 31 日，《电子商务法》正式公布，为这个领域的研究提供了新的素材。我希望自己今后能结合新的研究素材和实务工作继续深化这一领域的学习和研究。

　　当我写作博士论文的时候，我还在北京市高级人民法院知识产权庭工作。当我修订博士论文、准备出版的时候，我已经离开了法院，做了一名律师。

　　回想过往，我非常感激在法院的日子。说实话，法官职业尽管有一些缺憾，但我总体还是很享受法官的工作和生活的。第一，法官的工作很单纯，基本上就是办案和调研，每天的工作按部就班、有条不紊地进行。第二，法官的工作富有挑战性，要不断地学习和研究，才能做好审判工作。司法实务中总有千奇古怪的问题摆在法官的面前，没有现成的答案，法官必须不断地学习、研究，才能回答案件中的问题。思考和研究新问题，是一件充满挑战也非常有意义的事情，让法官的工作充满了乐趣，我非常享受这种乐趣。第三，做法官会有一定的成就感。

一年要审结一百好几十件案子，还要做一些课题研究，写一些论文。每到年底总结的时候，数一数自己的成绩，还是有成就感的。

律师的工作、生活与法官有明显不同。总体上而言，律师面对的事要杂一些，工作要乱一些。面对杂乱的工作，律师能专门用来学习、研究的时间比法官要少。尽管如此，我还是渴望做一名研究型的专业律师，希望能够挤出时间来学习新知识，研究新问题，在专业的道路上作出更多的成绩。

最后，感谢知识产权出版社的领导和编辑为本书的出版付出的努力。